· 2018年教育部人文社科青年项目“新时代体育法基本原则的法理剖析与重构研究”（项目编号：18YJC890009）
· 2019年晋中学院“1331工程”重点创新团队“体育政策法规研究团队”（项目编号：jzxycxtd2019004）
· 2018年山西省教育科学“十三五”规划项目“山西省高校体育政策法规执行力现状及提升策略研究”（项目编号：GH—18088）

我国体育法基本原则的法理剖析与重构

胡旭忠 著

北京体育大学出版社

策划编辑：吴海燕
责任编辑：吴海燕
责任校对：韩培付
版式设计：华泰联合

图书在版编目（CIP）数据

我国体育法基本原则的法理剖析与重构 / 胡旭忠著
. -- 北京 : 北京体育大学出版社 , 2019.12
ISBN 978-7-5644-3285-0

Ⅰ . ①我… Ⅱ . ①胡… Ⅲ . ①体育法—研究—中国
Ⅳ . ① D922.164

中国版本图书馆 CIP 数据核字 (2019) 第 287506 号

我国体育法基本原则的法理剖析与重构 胡旭忠 著
WOGUO TIYUFA JIBEN YUANZE DE FALI POUXI YU CHONGGOU

出版发行：北京体育大学出版社
地　　址：北京市海淀区农大南路 1 号院硅谷亮城 2B-212
邮　　编：100084
发 行 部：010-62989320
邮 购 部：北京体育大学出版社读者服务部　010-62989432

印　　刷：北京虎彩文化传播有限公司
开　　本：710 mm × 1000 mm　1/16
成品尺寸：170 mm × 240 mm
印　　张：11
字　　数：210 千字
版　　次：2019 年 12 月第 1 版
印　　次：2019 年 12 月第 1 次印刷
定　　价：50.00 元

序

胡旭忠博士的新作《我国体育法基本原则的法理剖析与重构》，作为教育部青年基金项目资助成果即将出版。对此，我首先致以热烈的祝贺！胡旭忠是我带的第一个博士研究生。在他看来，学生出书，邀请老师作序是很自然的事，我也欣然答应。不过我在答应之后竟然不知道该写些什么，只是在脑海里不断地翻滚着他攻读博士学位期间的零碎画面，以至迟迟无法下笔。我与胡旭忠的师生缘分纯属偶然，当年他报考南京师范大学博士时，我还不具备博士招生的资格，因此他最初的选择并不是我。那年他来到我们体育科学学院办事，想找个人问问，正好在办公室门口碰到了我。交谈中他得知了我的身份，随即向我表示了解我这个人，还在他硕士论文中引用过我的观点。我听后当然很高兴，正好赶上饭点，我就请他到学校的教工食堂吃了顿饭。当年，他没有考上博士，而我也具备了博士招生资格。胡旭忠说还要继续考，而且想考我的博士。我说："欢迎啊！"就这样，他成了我带的第一个博士研究生。

也许正是因为我第一次带博士，所以我和他的日常交流相对要多些。经过多次讨论，我们决定博士论文的开题题目就定在我国体育法基本原则的研究上。之所以最终选择了这样的题目，其实也有我的一点小私心，即我自己一直想做这样的课题但还没来得及做，因此胡旭忠要做博士论文，就让他做了，也能圆了我的一个心愿。另外，关于体育法的基本原则，学术界也有相关讨论，似乎也是个热点，那就去凑凑这个热闹吧。不过，这事说起来容易做起来难。法的基本原则问题历来是法理学研究的重要课题，也是法律的基本理论问题。英国法学家沃克从法律实施的角度将法律原则界定为："许多法律推理所依据的前提，不断地、正当地适用于比较特别和具体规则解决不了或不能充分明确地解决案件的一般原则。"而《布莱克法律词典》则把法律原则解释为："法律的基础性真理或原理，为其他规则提供基础或本源的综合性规则或原理，是法律行为、法律程序、法律决定的决定性规则。"我国学者一般认为："法律原则是法律的基础性真理、原理，或是为其他法律要素提供基础或本源的综合性原理或出发点。"显然，学术界对此也并未达成共识，这本身就是一个研究难点。总体而言，法律原则反映了人们对法律基本规律的认识和把握，更包含了人们对法律的普遍性价值的追求。这才使得法律原则具有内容明确化程度较低的特点，由此也带来了研究上的难度。但无论如何，体育法基本原则研究还是非常必要的。我们都熟悉民法、刑法等部门法的基本原则，并已形成了相对成熟的理论基础和研究共识，但是体育法的基本原则是什么呢？这是一个无法回避的问题，因为体育法也应该有属于自己的基本原则。

体育法的基本原则问题，也是法治原则的具体体现。《中华人民共和国体育法》（以下简称《体育法》）自1995年颁布以来，在我国依法治体的过程中发挥了巨大的作用。毋庸讳言，我国现行的《体育法》是全国人大常委会的第一个关于体育的立法。在宜粗不宜细的立法思想指导下，现行《体育法》还显得比较宏观，且至今未得到修改，故在司法上可操作性较弱。社会主义市场经济转型进程中，体育的改革与发展不可避免地会产生许多新的问题，导致越来越多的体育纠纷走进了法庭。但由于体育实践活动的复杂性和特殊性，抑或体育法可操作性弱等问题，人民法院在审理体育纠纷案件时，不同的法院对于同样性质的体育纠纷却作出不同的判决结果，即同案不同判。社会主义法治原则要求人民法院在审理任何一个案子时，都要做到以事实为依据，以法律为准绳，即便在没有具体的法律条文规定的情况下，明确规定的法律原则也可以作为人民法院判决的依据。从这个角度来说，研究体育法的基本原则就相当重要了。

体育法基本原则是由体育法的特点所决定的。虽然体育法具有一般法的特征，但由于体育社会关系具有多元性以及体育实践活动的复杂性和特殊性，那么调整体育社会关系的体育法就应该有自身的特点。体育法是我国社会主义法制体系的组成部分，应当遵守法制统一原则，体现出中国特色社会主义法治精神，这在关于体育法基本原则的研究中必须有所体现。目前，我国体育法学的研究主要集中于体育法学的实践应用方面，作为基础理论的体育法基本原则虽然在学术界有一些研究和争论，但是缺乏进一步的分析和追问，更没有在体育实践和体育法律实务中发挥作用。因此，作为指导法律实施活动并贯穿法律实施各个环节的体育法基本原则，其在形式上要具有抽象性和概括性，在适用上应具有普遍性和广泛性，在内容上要具有根本性和指导性。体育法基本原则的确立，应当反映出体育法的特点，并可以为我国体育领域的立法、司法、执法、守法及理论研究等提供参考和借鉴。

胡旭忠在本科和硕士阶段都有体育专业的学术背景，基于对体育法的兴趣，以及本科阶段的法学第二学位的学习基础，从而有了对体育法研究的想法。尽管他已经具备了一定的体育和法律的知识积累，但在我们已经确定了博士论文选题的阶段，我仍然担心他的法学功底及理论基础不能承受如此重任。但是开弓没有回头箭，胡旭忠博士迎难而上，其案头的多部法学经典著作就是证明；我也知道自己法学功底有限，便专门搬来了我校法学院的法理学教授作为救兵，对胡旭忠进行专门指导。从最后的结果来看，胡旭忠的博士论文是顺利通过了，而且评价还比较好，我也是比较满意的。现在回想起来，也许是当初真的太难为他了，以致他在答辩结束后一度哽咽。不过也正是这样的一种压力和历练，才能让胡旭忠博士在学术道路上更快地成长。

博士毕业后，胡旭忠回到了原单位，随即投身于繁忙的教学科研工作，不久又承担了学院行政管理的重任。然而，繁重的教学科研活动和行政工作并没有阻止他在学术上的进一步追求，近年来他又承担了教育部和山西省的相关课题，现在呈现在各位读者面前的就是其在博士论文的基础上申请了教育部的课题，又进行了进一步的思考和探讨而形成的成果。该书的逻辑脉络及基本思路是：在论述了体育法属于社会法的基本属性，以及法律原则对于体育法基本原则的生成机理的支撑基础上，以社会法和法律原则为分析工具，对体育法基本原则的生成机理、价值取向以及现行体育法基本原则之再评判进行了较为深入的梳理和探析；并通过分析体育法原则、体育规则和体育政策及其相互关系，探讨了体育法基本原则的理论证成。应该说，体育法基本原则的研究不是一个随意的过程，也需要遵循一定的方法规则。该书的学术贡献并不在于提出了几条基本原则，相信各位读者在阅读之后也一定会有自己的思考。设计一套原则提炼模型或机制，按照这个机制来推演和证成，才是该书所要达到的目的。这样的研究于整个体育法学体系而言，或许能够提供一种新的思路和方法。

见证了胡旭忠博士在学术道路上的成长和取得的初步成果，我当然高兴。但学无止境，在此，我愿以马克思的名言与胡旭忠博士共勉：“在科学上没有平坦的大道，只有不畏艰险沿着陡峭山路攀登的人，才有希望达到光辉的顶点。”我们都是攀登者。

是为序。

汤卫东

2019年12月1日于仙林

前 言

任何部门法都存在基本原则，体育法也不例外。近年来，体育法学的研究主要集中于体育法学的实践应用研究，作为基础理论的体育法基本原则虽然在学术界有一些研究和争论，但是缺乏进一步的分析和追问，研究结果尚未达成共识，更没有在体育实践和体育法律实务中发挥作用。究其原因，是体育法基本原则与法哲学研究过于隔绝，体育法原则、规则与政策划分不清楚的问题。鉴于此，本研究运用文献资料法、规范分析法、访谈法、比较研究法、案例分析法等研究方法，以“社会法”和“法律原则”作为基础理论分析工具，从体育法的基本属性、体育法基本原则的生成机理和价值取向、现行体育法基本原则研究之再评判、体育法基本原则的确立及实践运用等几个部分进行阐述与论证。具体研究内容如下：

（1）通过解读社会法的相关基础理论，分析体育法的本质属性。首先，体育活动的特征决定了体育法的内容，体育是由人的需要而产生的，这种需要表现在人类发展的不同时期，最后体现的是社会需要，这也正是东西方体育发展殊途同归，最终走向社会性统一的原因；其次，对社会法的特征进行定位，强调个人权利与国家权威的辩证统一，这是公私的全面考虑，表达社会本位与公共利益的价值观念；再次，论证体育法具有社会法的本质属性，将体育法的本质属性定位于保障体育权利、维护社会整体利益；最后，运用体育活动中的“普拉蒂尼行为”（Platini）分析体育法的特殊性，以引出体育法基本原则存在的必要性。

（2）对体育法基本原则的生成机理和价值取向进行分析。首先，从法理背景、历史脉络、生成方式、存在形态等方面进行探讨，认为应该参考体育法文本内容，充分考虑现实体育及改革方向，依据法理学理论来确定体育法基本原则；

其次，根据法律原则的自由、正义、友善、和平、秩序等终极价值取向，考虑体育法的特殊性，体育法基本原则更多地用于制定体育政策的指向、国家承担体育公益的义务、个人体育权利的保障等方面的宣示和引导作用；最后，提出体育法基本原则蕴含着公平正义和社会本位的价值观念。

（3）体育法基本原则研究之再评判。依据前文总结的体育法基本原则生成机理和价值取向，在文献资料综述的基础上，再次对体育法基本原则研究内容进行审视和评判。分析认为：并不是前人研究中提出的所有“原则”都符合体育法基本原则的立法技术特征。考虑体育法对世界范围的普适性，法条类原则受到《体育法》的滞后性限制，部分基本原则不合时宜，缺乏整体性和长效性；实践判例类原则受到体育活动的多样化和体育法特殊性的影响，导致部分基本原则不能涵盖体育法的所有领域和方面；功能价值类原则对体育法价值取向的认识不准确、不到位、不统一，部分原则难以明确地指导具体体育法律关系的发生、变更和消灭。

（4）体育法基本原则的确立及实践运用。体育法基本原则的研究不是一个随意的过程，需要遵循一定的方法规则。按照体育法基本原则立法技术特征，尝试性地提出体育权利保障原则、体育竞赛公平原则、体育和谐发展原则、体育组织自治原则、体育公益促进原则等5条基本原则，这个体系的建立是逐渐完善的过程。体育法基本原则的确立，为我国体育领域的立法、司法、守法、理论研究提供参考和借鉴。

（5）研究总结与展望。提出几条体育法基本原则并不是本研究的目的；反过来，设计一套原则提炼和甄别的模型或机制，按照这个机制来推演和证成，才是本研要究解决的重点问题。这样的研究为整个体育法学体系提供了一种思考原则问题的思路和方法。

CONTENTS 目录

第一章 引论

习近平总书记在党的十九大报告中指出，中国特色社会主义进入了新时代，这个新时代是决胜全面建成小康社会、进而全面建设社会主义现代化强国的时代，也是实现中华民族伟大复兴中国梦的时代[1]。全面依法治国是中国特色社会主义的本质要求和重要保障，建设社会主义法治国家，发展中国特色社会主义法治理论，是党和国家提出的新要求、新使命。党的十九大报告也指出："广泛开展全民健身活动，加快推进体育强国建设。"从此，"全民健身"和"体育强国"进入了新时代，体育发展得到法治保障[2]。1995年颁布的《中华人民共和国体育法》（以下简称《体育法》[3]）是我国第一部体育基本法，对体育法治建设具有里程碑的意义。但是，随着社会经济体制的发展和变迁，面对体育的市场化、职业化、产业化和社会化，现有的《体育法》已然难以应对，无力承载，因此，《体育法》的修订理应提上立法部门的重要日程。20多年来，在中国体育法学者的不懈努力下，中国体育法学研究取得了一定进展，涌现出一批有价值的科研成果；但是从整体上来看，我国体育法的研究多集中在对现行《体育法》的解释、评述，以及对体育实践中具体法律问题的探讨方面，而对体育法学赖以成立的基本理论研究明显薄弱，更没有达成学术共识。

[1] http://www.xinhuanet.com/2017-10/19/c_1121823264.htm.

[2] 钟秉枢,何俊,郝晓岑,等.基于"补短板"视野下的新时代中国体育强国发展道路探索[J].首都体育学院学报,2018,30(1):4-9.

[3]本研究中所涉及的国内部门法名称，均为这样的简称。

第一节 论题确立的缘由

体育法基本原则是体育法的基础理论问题，无论体育法的修改、体育法律实务的应用，还是体育法学的理论研究，都绕不开对体育法基本原则的诠释。基本原则对于部门法的意义，是法理学给予明确解释的主题，主要作用就在于弥补成文法的局限性。体育法跟其他部门法一样，都应该在法律文本的总则中规定或列示基本原则。与民法、刑法、行政法等相对成熟的法律相比，学者们对体育法基本原则的认识存在很大分歧，几乎属于“各自为政”的状态，尚未形成令人信服的结论。本研究以“社会法理论”和“法律原则理论”[1]作为理论分析工具，结合国内“法的模式理论”[2]和“法律原则核心问题”[3]的研究，通过对民法、刑法、行政法、教育法、环境保护法等部门法基本原则的参考和借鉴，并充分考虑体育的特殊性，从体育法存在的正当性和自立性角度，对我国体育法基本原则进行法理分析，以期确定体育法基本原则，为体育法的基础理论和实践发展提供参考与借鉴。

一、基本原则存在的普遍性和必要性

任何一个部门法都应有其基本原则，体育法也不例外，没有基本原则的法律不可能作为法律存在。我国的民法、刑法在法律文本的第一章都专门对基本原则进行了规定，本研究在文献综述部分对各部门法的基本原则进行了收集和整理，以期为体育法基本原则的研究提供借鉴和参考。部门法的基本原则作为法理学的研究范畴，必须符合法律理念，其内容要能够贯穿于整个法律体系之中，即“向上”审查；另外，法律原则还应该有“向下”检视的功能，可以对具体的规范和实务提供指导。

为什么需要原则？美国著名法学家罗纳德·德沃金（Ronald Dworkin）认为：之所以需要原则，乃是为了推翻法律实证主义的法官自由裁量权理论，弥合法律理论大厦出现的裂缝，保证法的完整性和自主性，巩固司法权与立法权相对

[1] 罗纳德·德沃金.原则问题[M].张国清,译.南京:江苏人民出版社,2012.

[2] 张文显.二十世纪西方法哲学思潮研究[M].北京:法律出版社,1996.

[3] 庞正,杨建.法律原则核心问题论辩[J].南京师大学报（社会科学版）,2010,26(1):29-36.

分离的宪政传统，捍卫法的公平、正义价值[1]。我国著名法理学家张文显教授认为，原则是指导和协调法律调整机制、进行司法推理、选择法律行为，以及平衡互相冲突的利益，为疑难案件找到合法的解决办法的需要[2]。我国民法学者徐国栋教授认为，原则是为“弥补成文法或习惯法之不足”之需[3]。

二、体育法基本原则解决体育纠纷的可行性

在体育纠纷解决过程中，体育的内部规则与外部法律之间发生冲突是最普遍的现象，如果完全按照法律中效力优先的做法，有时难免会对体育运动的发展产生不利影响。例如体育界著名的“博斯曼案件”[4]，1990年，比利时足球运动员让-马克·博斯曼（Jean-Marc Bosman）在赛季末同原俱乐部RFC列日队（SA Royal Football Club of Liege）的合同到期，准备转会到法国的敦刻尔克俱乐部，但是敦刻尔克无力为其支付高额的转会费，最终博斯曼转会未成，并且错过了当时赛季的比赛。博斯曼将比利时RFC列日俱乐部、比利时足协和欧洲足联起诉到比利时法院和欧盟法院。直到1995年12月15日，欧洲法院初步裁定，实行了几十年的外援上场名额限制和转会费制度被裁定为非法。这样一个典型的案例体现了体育特殊性（自治性）和法律规范性（强制性）的冲突。各国际体育组织关于球员转会基本上都有要支付转会费的相关规定，转会费的计算由球员的总收入乘以一定的系数得出。欧盟法院认为“博斯曼案件”违反了《罗马条约》第48条“劳动者自由流动的权利”“劳工的自由流动不受限制”，1992年欧共体成员国在荷兰的马斯特里赫特签署的《欧洲共同体条约》，确立的四大自由包括货物流动自由、人员流动自由、服务流动自由和资本流动自由。其中第39条的主要内容为：劳工的自由流动应当在共同体内得到保障[5]。

中国的转会制度也存在这样的问题，不管合同到期与否都要交转会费，只是乘以不同的系数而已，但这也明显与我国《劳动法》不合拍。《劳动法》第3条规定：“劳动者享有平等就业和选择职业的权利……提请劳动争议处理的权利……”第23条规定：“劳动合同期满或者当事人约定的劳动合同终止条件出

[1] 罗纳德·德沃金.论规则的模式——略论法律规则与原则、政策的法律效力，批评实证主义[J].潘汉典,译.法学译丛,1998(2):1-16.

[2] 张文显.二十世纪西方法哲学思潮研究[M].北京:法律出版社,1996:391.

[3] 徐国栋.民法基本原则解释——成文法局限性之克服[M].北京:中国政法大学出版社,1992:自序11-12.

[4] 在学术界，此案件经常被称为“博斯曼法案”。法案是指提请立法机关审议的法律草案或者讨论的法律议题，此处用之有些不妥，笔者暂且称为“博斯曼案件”。

[5] See Michael Beloff, Tim Kerr,Marie Demetriou.Sport Law[M].Oxford:Hart Publishing,1999:236-243.

现，劳动合同即行终止。”球员也属于劳动者，但根据我国的转会制度，球员转会必须支付转会费，即使合同到期也是如此。

运动员转会费作为体育法内部规定，与外部法律产生了冲突，考虑到体育的特殊性，为了保障体育的良性发展，这就需要确定体育的基本原则，以适应和解决这种冲突。比如1997年欧盟发布的《阿姆斯特丹关于体育运动声明》的第1条规定，运动员和俱乐部在欧盟各国间自由流动与开业的基本权利不应受到限制，这样的规定很好地解决了体育自治性与法律强制性的冲突，促进了欧洲体育事业的发展。

三、体育法基本原则的形成机理比较模糊

在体育国际化、市场化、社会化高度发达的今天，体育所涉及的法律问题越来越多，体育法基础理论研究缺失也逐日可见。因此，在体育法学的研究过程中，首先是从经验总结到科学实证，然后发展到理论多元化，最后才走向理论实践的统一性。在这条路上，感性描述是研究的初级阶段，只有超越描述层面达到理论的高度，理论解释才能够实现[1]。由于体育法学作为一门理论学科和法律实务发展的需要，以及《体育法》修改的迫切需求，确立体育法基本原则成为急需解决的问题。当然，体育法成为一个独立的部门法也得到了当下大多数学者的支持，体育法的基本原则应该始终贯穿于整个体育法律规范体系中，而不是仅仅局限于1995年颁布的《体育法》文本当中，还应该包括现行的各级各类体育法律规范。基本原则在体育法律体系中起到核心作用，对体育事业发展、体育体制改革、体育纠纷解决等方面都具有指导思想和价值指向。体育法基本原则是如何产生的？是人为构造，还是逐步演化？这些原则的价值取向、功能定位与其他法原则有什么不同？这都是本研究所关注的重点问题。

四、体育法基本原则的理论研究尚未达成共识

从法的发展历程来看，法律规则是由国家制定或认可的，体现着统治阶级意志，法律规则的刚性决定了其可限制法官的自由裁量权。法律原则为法律规则提供各种基础和本源的综合性、指导性的价值准则或规范，相对于规则来讲，比较笼统、模糊，不预先设定明确的、具体的假定条件，更没有设定明确的法律后果。严格地讲，法律原则的发生并不取决于国家和官方的权威发布，而在于社会

[1] 张建华,常毅臣,芦平生.中华民族传统体育文化研究:价值、进展与走向[J].中国体育科技,2013,49(3):133-139.

价值和法律价值。虽然从表面上看原则可以“写入”法条，但原则并不是“制定”的，而是“形成”的[1]。不管怎么样，在法律适用上，规则是以“全有或全无的方式”应用于个案，即规则对个案或者有效或者无效；原则则不同，法律原则具有不同的强度，有些时候可能有几条相互冲突的原则对同一个案都有效，所以要区分哪个原则更重要。

在体育活动实践和体育法律实务中，难免会出现这样的情况，甚至在同一部法律中存在相互冲突的原则，当两个原则在具体个案中发生冲突时，裁判或者仲裁员必须依据具体案情作出权衡。就我国体育法律中有关基本原则的规定来看，在《体育法》总则中没有明确的规定，虽然有些学者进行了总结与提炼，但是受到立法时期的社会经济情况的限制，这些原则性规定具有明显的滞后性和不明确性，成文法中大部分是一些宣言性的规定，如“体育事业应当纳入国民经济和社会发展计划”“ 国家扶持少数民族地区发展体育事业”，等等，没有明确“如何纳入和怎么扶持”的相应权利义务，并不具有法律上的规范性和约束力，“为国防建设”和“开展对外交往”也不再适用快速发展的体育现状。因此，现行体育法中基本原则的不确定性，以及理论界研究观点尚未达成统一的现状，不能适应体育事业在国内外高度发达的事实，急需进一步研究和解决。

第二节 国内外研究进展及评述

体育法学于20世纪70年代产生于体育高度发达的美国。我国体育法学研究则始于20世纪80年代中期，1987年，我国第一本体育法学著作《体育法学概论》内部出版，标志着我国体育法学开始受到关注。1995年《体育法》颁布，当时的研究并未注重体育法学学科自身建设，立法建议多，直接套用法学理论多，尚未形成完整的学科体系。1999年，天津体育学院在硕士研究生中设立体育法学专业，但是对于体育法学理论关注较少。2000—2015年，研究体育法学的文章数量飞速增长，总数有3000余篇，硕博士论文300余篇。截止到2016年，全国有6所高校招收体育法学专业的博士研究生，另外多所高校即使没有设置该博士专业，但相继有体育法学方向的论文产生。2005年，中国法学会体育法学研究会成立，

[1] 罗纳德·德沃金.论规则的模式——略论法律规则与原则、政策的法律效力，批判实证主义[J].潘汉典,译,法学译丛,1982(2):1–16.

2013年变更为中国体育法学研究会，全国有十几所高校成立了体育法学研究中心（所）。北京、天津、辽宁、山东、河北等省市也相继成立体育法学研究会，举办体育法学论坛，协助行政机关、体育社会团体解决各级比赛中的法律问题。这一系列的变化都促成了体育法学理论的快速发展和完善。因此，体育法学的基础理论研究成为当务之急，进而使体育法概念、体育法价值、体育法基本原则等问题，结合哲学认识和科学实证，最终走向法的规范性道路。

一、关键词界定

（一）体育

体育法学首先要回答“什么是体育”这一问题，即明确“体育法中的体育概念”。体育法学研究必须对体育有清晰的认识，对体育的概念作出具体的、可操作性的界定，否则，体育法学研究就缺乏统一探讨的平台，整个学科大厦就缺乏统一的基础。但是，我们必须清楚地认识到，体育运动经历了不同时期的发展变化，从初级到高级、从原始到现代、从皮埃尔· 顾拜旦到托马斯·巴赫的国际奥林匹克运动的变迁，为我们诠释了不一样的体育运动，同时，体育的概念在理论界也产生了极大的争议，各自从不同的角度、用不同的方法来确定体育概念。什么是体育？这一核心问题是体育哲学及体育概论话语体系所关注的内容，在全世界范围内，体育的概念一直处于争论之中，也只有通过不断的争论才能逐渐得到完善。在这里，我们暂且不去评论孰是孰非，因为本研究的重点是界定体育法所关注的体育概念。

在世界范围内，各国的体育法学者都对体育进行了不同的界定，到目前为止也无法达成共识。我们知道体育的发展变迁经历了多种形态，包括体育的劳动说、宗教说、军事说、教育说、文化说、娱乐健身说、社会说等不同的体育价值理念，人类对体育本质的认识也逐渐发生着变化。

对体育本质的认识正如有的体育学者所指出的：体育从刚开始的作为个人身体运动的一种形式，逐渐演变为社会运动的方式之一，这期间的体育发生了巨大的改变。我们已经不能仅仅从教育的角度去看待体育，我们更可以从体育的经济现象、体育的政治影响、体育作为大众传媒的重要方式，以及体育是人们生活中不可缺少的一部分等几个方面来看待体育，显示出了体育的作用论[1]。从体育的功能论到作用论的嬗变，在一定程度上反映了体育的发展变迁。1992年，在希

[1] 熊欢.身体、社会与体育——西方社会理论视角下的体育[M].北京:当代中国出版社,2011:7.

腊召开的欧洲体育首脑会议通过了《欧洲体育伦理纲领》，该纲领提出："视体育为一种社会、文化活动；就个体而言，体育又是个人活动，在公平竞赛中，可以起到个体能力的自我认识，自我充实感、成就感，技术的学习，能力的发挥，社会的相互作用。"[1]而对于体育法的研究来说，在体育法的本体"体育"的变化下，体育法的学科研究也从学校体育法令走向竞技体育法令、体育产业法令、全民健身法令之场域变迁，体育功能的扩大使得体育法的研究主体和范围随之扩大。有学者专门提出了一个适合进行法律分析的体育行为定义："体育是以既定的客观统一的规则进行，以竞争为目的的游戏性行为。"[2]《体育法学概论》中提出了体育的法概念："体育是由客观统一的游戏规则指引和维系，以身体练习为基本手段，以公平竞争为前提，以提高运动能力、增强大众身心健康水平、丰富民众文化生活为目的的社会活动。"[3]

我们只有在清楚地了解体育法研究的逻辑起点，即体育的本质时，才能沿着正确的方向认识和构造体育法，否则一切都将是摸着石头过河，难以避免盲目性。在实践中有许多学者都是从形而上学的角度，以法本位的观念来构造他们所谓的先验概念主义范式的体育法体系，后果便是脱离实践的教条主义，难以为我们所采用。因为体育是一种身体活动，更是一种社会实践活动，不可能只是空洞的教条，体育法理论必须要服务于体育实践。虽然，我们的研究迄今为止都无法对法学视角下的"体育"做出准确的界定；但是可以对体育做广义理解，竞技体育、学校体育、全民健身、体育产业、体育文化都应涵盖在内。但只有部分体育行为才能进入体育法的视野，法律视野下的体育外延应小于广义的体育概念的外延[4]。结合前人的研究，在法治实践环境下分析体育，本研究界定体育的概念为：有客观统一的游戏规则，以公平、正义为前提，促进大众身心健康发展的社会文化现象。当然，这个概念也只能是起到抛砖引玉的作用，要想更进一步了解体育的本质，还需要学者进一步的研究。

（二）体育法

体育法到底是什么，在学术界存在着不同的观点。除了国家相关部门制定的体育法律法规、政策性文件之外，体育行业自身也有相应的章程、行规行约和行

[1] 王蒲,仇军.公平竞赛——欧洲体育伦理纲领[J].体育文史,1996(6):50-51.

[2] 吕予锋.什么是体育——一个适合进行法律分析的体育行为定义[J].天津体育学院学报,2005,20(3):10-12.

[3] 谭小勇,等.体育法学概论[M].北京:法律出版社,2014:10.

[4] 韩勇.中国体育法学研究：从法解释学到法社会学[J].体育科学,2010,30(3):75-82.

业标准，每个单项协会通过这些规范调整运动员、教练员、俱乐部、体育协会等之间的关系，维护体育行业的秩序。这些都属于社会团体自治范围内的规则、规章，同国家机关制定的法律有着明显的区别，但并不影响其对内部成员所拥有的强制力；在规范行业活动与管理秩序的过程中，都起着非常重要的作用。在国际权威文献中对体育法的概念做介绍时，指出体育法的概念可以分为广义上的体育法与狭义上的体育法。前者是指由国家机关制定的法律，后者是指由社会团体内部制定的适用其自身管理的规则。也有学者从软法与硬法的角度对上述体育法的概念做出划分，认为前者属于硬法，后者属于软法。

笔者对现有的体育法的定义总结如下：英国学者米歇尔·贝洛夫（Michael Beloff）[1]认为：体育法是一套松散的，但是慢慢越来越紧密的，调整体育实践和解决体育纠纷的规则体系。美国学者麦克·杰姆斯（Mark James）[2]将体育法分为国内体育法（Domestic Sports Law）、全球体育法（Global Sports Law）、国家体育法（National Sports Law）、欧洲体育法（European Sports Law）、国际体育法（International Sports Law）等几个概念，并且进行了相应的界定。国内学者周爱光教授提出，体育法是调整与体育相关的人与人之间行为关系的法律[3]。汤卫东教授认为，体育法是指为保障公民的体育权利，维护正常的体育秩序，发展体育事业，由一定的国家机关按照法定程序制定或认可的，调整一定的体育社会关系的行为规范[4]。

体育的全球化是伴随着世界市场的全球化而来的，因为从工业革命以后，世界逐步连为一体，国际间的交往变得频繁，各个民族的文化、经济、娱乐等逐步向世界各地渗透，表现在体育行业就是国际比赛、锦标赛的出现。为了解决世界范围内的比赛所产生的问题，国际性的体育组织也纷纷成立，以奥林匹克运动委员会为代表的世界体育秩序也逐渐形成了。这个世界范围内的体育秩序就是以国际奥委会为最高管理机构，以国际体育单项联合会总会和国家奥委会为基础的所谓的“双重金字塔”模式，并逐渐形成一个延续传统的合法性多元化和自发演进的法律秩序体系[5]。体育法具有特殊性，它不仅涉及国际层面和国内层面，还直

[1] 米歇尔·贝洛夫,蒂姆·克尔,玛丽·德米特里.体育法[M].郭树理,译.武汉:武汉大学出版社,2008:1-7.

[2] Mark James. Sports Law[M].New York: Palgrave Mac-millan,2010.

[3] 周爱光.法哲学视野中的体育法概念[J].体育科学,2010,30(6):3-13.

[4] 汤卫东.体育法学[M].南京:南京师范大学出版社,2000:1-2.

[5] C. Mollers,Transnational Governance Without A Public Law, in Transnational Governance and Constitutionalism, ed. by C. Joerges, I.-J. Sand, G. Teubner, Oxford ,2004:329.

接影响个人，适用于全世界[1]。

除此之外，国际组织专门针对体育权利进行了界定和划分，1966年联合国第21届大会通过的《经济、社会及文化权利国际公约》第12条第一款规定：本公约缔约各国承认人人有权享有能达到的最高的体质和心理健康的标准。1978 年联合国教科文组织第 20 次会议通过的《体育运动国际宪章》规定：参加体育运动是所有人的一项基本权利，强调要使参加体育运动的权利对于所有人来说成为现实[2]。

总结国内外体育法学者的研究，基本上是将体育法一分为二来看待，虽然对其称呼不同，但其表述的含义是一致的。国家对体育进行管理的法律规范，可以称为体育国家法、外部规则、硬法，具有公力强制性的特点；体育运动当事人创造的用以调整彼此之间体育关系的规则，称为体育固有法、内部规则、软法，具有自治性、专业性、国际性及非公力强制性的特点[3]。硬法又可以分为直接体育法和间接体育法。直接体育法是国家专门对体育行业进行的法律规范，如《体育法》《全民健身条例》等。间接体育法是指其他部门法中关于体育行为相应条款的具体规范，如《宪法》第21条第2款规定："国家发展体育事业，开展群众性的体育活动，增强人民体质。"在体育伤害事故的处理过程中要遵循《民法典》第1186条规定："受害人和行为人对损害的发生都没有过错的，依照法律的规定，由双方分担损失"。软法则是体育组织制定的章程、规则、原则等规范。

因此，本研究认为体育法是一个法多元的典范。笔者赞同且沿用周爱光教授对体育法的观点，作为本研究中体育法所指的研究范围，具体分为三类。第一类是体育法（Sports Law），即直接以体育为内容的法律，主要包括国际体育法、国家体育法、固有体育法。其中，国际体育法是指由国际组织和国际体育组织制定的体育法律、法规，如《反对体育领域种族隔离公约》《体育运动国际宪章》《反兴奋剂公约》等；国家体育法是指由一个国家制定和认可的体育法律、法规，如我国的《体育法》《全民健身条例》，日本的《体育基本法》，美国的《业余体育法》等；固有体育法不是国家按照法定程序制定和认可的法，但是在体育实践中发挥着重要的规范作用，是体育本身赖以存在的法，主要包括体育规则、规程、规章制度和体育理念。第二类是应用于体育的法（Sports and Law），是指应用到体育中解决其法律问题的一般法律，包括成文法和判例法。第三类是

[1] Lorenzo Casini. The Making of Lex Sportiva by The Court of Arbitration for Sport. German L. J. 2011:1317.

[2] 秦毅,陈小蓉.体育法的价值研究评述[J].西安体育学院学报,2012,29(1):15–20.

[3] 韩勇.中国体育法学研究:从法解释学到法社会学[J].体育科学,2010,30(3):75–82.

体育法律现象（Phenomena of Sports Law），是指在体育实践中发生的各种法律关系的总称。

（三）法律原则

"原则"一词在现代汉语里的公共含义是"说话或行事所依据的法则和标准""观察问题和处理问题的准绳"。查《辞源》没有"原则"一词，证明古代汉语中没有"原"和"则"的合成词，"原则"一词可能是近代中国在翻译外文书籍时产生的新词。作为一个法律部门的原则，只能在该法律部门的建立和发展过程中逐步形成和确立。法律原则对于部门法意义重大，这是法理学给予明确解释的主题，主要作用就在于弥补成文法的局限性。在这里需要特别说明的是，法律语言中的"原则"不同于我们生活中做人做事的"原则"，法律原则是一个规范性的解释，与法律规则、法律概念一样，都是法的重要组成部分。

在《布莱克法律辞典》中，法律原则（Principle of Law）是指"法律的基础性真理或原理，为其他规则提供基础性或本源性的综合性规则或原理，是法律行为、法律程序、法律决定的决定性规则"[1]。然而如果我们把视野放得宽一些，那么在西方法哲学领域，对"法律原则"的认识其实一直存在着争议。争议的焦点大致可以归纳为：法律原则是客观精神，还是主观意识，或两者兼顾。正如黑格尔法哲学体系中强调的，法律原则是客观和主观精神的统一过程，但这不只是一个简单的、纯粹的逻辑过程，其中包括了许多差异的实施过程。从本体论来看，法律原则是一种客观精神，但人类在这些客观精神转化为主观意识的过程中，却存在着很大的差别[2]。法律原则与法律规则从根本来看，也存在着很大的差别，正如德沃金所言："规则与原则的差别在于一个规则对于一个预定的事件做出一个固定的反应，而原则则是我们在做出一个固定反应时，对特定因素的思考。"[3]

有学者认为，法律原则是不以人们意志为转移而客观存在的，但需要人们不断地去认识和把握；正是因为法律原则依靠我们通过认识去发现，法律原则又经常与社会普遍认知的社会理念和价值判断紧密结合。因而，从古至今，从外到内，不同社会群体的人们对此又会存在不同的认识和辩论，这种争论是不容忽视的长期存在。换句话说，即便是一些被公众一致接受的法律原则，当置于不同的

[1] See Henry Campbell Black, Black' s Law Dictionary, West Publishing Co.,1979:1074.

[2] 黑格尔.法哲学原理[M].范杨,张企泰,译.北京:商务印书馆,1961:26-27.

[3] 罗纳德·德沃金.认真对待权利[M].信春鹰,吴玉章,译.北京:中国大百科全书出版社,1998:18.

时代、不同的实践时，也会呈现出不同的实现程度，只不过有时更加接近于这些法律原则，有时甚至背离于这些法律原则。因此，从这个意义上说，法律原则具有相当鲜明的时代性和依赖性[1]。国内学者在研究法律原则时，对其概念的界定也颇费心思。有学者认为："法律原则是用来证立、整合及说明众多具体规则与法律适用活动的普遍性规范，是更高层次法律推论的权威性出发点。"在他看来，"法律原则并不具备规则所具有的事实要件和效果要件上的对称性，它所拥有的只是一些对不特定事实所做出的评价或者指示，或者说，法律原则就是一些法律体系内以资裁判者参照的主体性评价标准"[2]。

国内也有学者在谈到这个问题时提出："目前，我国法学术界通常从两个方面理解、使用和讨论法律原则：在立法政策上，长期奉行'宜粗不宜细'的指导理念和操作方式；在表现形式上，全部的立法中通常都会在'总则'部分对法律原则做出阐述。"[3]还有学者把"法律原则"与"法律规则"都看成是"法的要素"的有机组成部分，并把"法律原则"定位为"众多法律规则之基础或本源的综合性、稳定性的原理和准则"[4]。通过对收集资料的汇总和梳理可知，国内学者对于法律原则的认识在某种程度上具有一致性。一般来说，立法比较完备的法律部门，学者可以从立法文件中归纳基本原则，而体育法创制处于经济社会和体育体制重大改革时期，立法尚未完善。体育法基本原则具有极高的抽象性和概括性，与法律规范、法律目标的实现有着密切联系的价值观念体现。甚至在某种意义上，基本原则是从法律理念中推导出来，由法律精神衍生出来的，涉及体育法的精神、体育法的价值观。这不仅可能包含了法律原理，也可能包括日常生活中的事理所蕴含的"法理"。

二、国内研究状况及其评价

（一）现有部门法基本原则的相关研究

法律体系之中的部门法都有属于自己特色的部门法原则：宪法的原则如人民主权原则、依法治国原则、权力分立原则、基本人权原则；刑法的原则如罪刑法定原则、罪刑相适应原则、平等适用刑法原则；民法原则如平等自愿原则、诚实

[1] 舒国滢.法律原则适用的困境——方法论视角的四个追问[J].苏州大学学报（哲学社会科学版）,2005,35(2):26-31.

[2] 陈林林.基于法律原则的裁判[J].法学研究,2006,(3):3-15.

[3] 葛洪义.法律原则在法律推理中的地位和作用——一个比较研究[J].法学研究,2002,(6):3-14.

[4] 张文显.法理学[M].北京:法律出版社,1997:60-71.

信用原则、公平原则、过错责任原则等。虽然这些法律原则有可能会在司法中得到适用，但并不意味着它们全部都能够作为司法裁判的依据，有的原则仅仅是人们所赋予的理想的价值宣示和法律的基本构架。

1987年1月1日开始实施的《中华人民共和国民法通则》，第一章就是“基本原则”，分列了八条内容。法学术界人士[1]将民法的基本原则总结为：平等自愿原则、公平原则、诚实信用原则、权利不得滥用原则、法律补充原则。这些基本原则在理论界和实务界都得到了公认，并且被广泛的运用。我国现行的《中华人民共和国刑法》的第一章为“刑法的任务、基本原则和适用范围”，明文规定了三个基本原则：罪刑法定原则、平等适用刑法原则、罪刑相适应原则。

其他部门法也有相应的基本原则。例如，《合同法》的基本原则：平等、自愿原则，公平、诚信原则，不得损害社会公共利益原则，合同具有约束力原则[2]。《民事诉讼法》的基本原则：平等原则、处分原则、辩论原则、权利义务相适应原则、诉讼经济原则、法官中立原则[3]。《国际税法》的基本原则：国际税收管辖权相对独立原则、国际税收公平原则、国际税收效率原则[4]。《教育法》的基本原则：保护教育权利原则、有利培养人才原则、维护教育公益原则、综合为治的责任原则[5]。《环境保护法》的基本原则：保护优先、预防为主、综合治理、公众参与、损害担责[6]。《体育法》的基本原则在法律文本中也有所体现，但是在基本法中没有明文宣示，因此，在理论界和实务界存在着长期的争论，尚未达成共识，甚至产生了很大的分歧，这也正是研究本课题的缘由之一。下文将对体育法基本原则的各家学说进行汇总，并且进行综合的分析和评价。

我国传统的法律体系属于中华法系，随着清末民初大量学习和借鉴大陆法系的成文法以来，中华法系逐渐瓦解，逐步走向大陆法系。而大陆法系的学术研究注重概念的准确界定、逻辑的严谨，方法一般从法条出发来逐一对法条进行解释，力图构建逻辑严谨、体系完整、内容自洽的法体系。以我国法的体系为例，我国现行法律体系划分为七个主要的法律部门，即宪法、民法、刑法、行政法、

[1] 徐国栋.民法基本原则解释——以诚实信用原则的法理分析为中心（增删本）[M].北京:中国政法大学出版社,2004:1.

[2] 王胜明.关于合同法的基本原则[J].中国法学,1999,(3):29-32.

[3] 李卓.关于我国民事诉讼法基本原则体系重建之构想[J].辽宁大学学报,1999,(1):82-84.

[4] 蒋新苗.国际税法基本原则的定位[J].湖南师范大学社会科学学报,2011,(2):47-52.

[5] 李恩慈.论教育法的基本原则[J].首都师范大学学报（社会科学版）,2011,(2):47-52.

[6] 竺效.论中国环境法基本原则的立法发展与再发展[J].华东政法大学学报,2014,(3):4-16.

社会法、经济法、诉讼与非诉讼程序法[1]。大陆法系以理性的逻辑为中心，是典型的“理性万能”主义。其从概念出发构成整个法律大厦的基础，强调运用逻辑方法对法律文本进行研究，关注法律条文的逻辑结构。其方法是从理论到实践，就是从一般到个别的推理过程，典型的方式就是三段论式的逻辑推理。而英美法系以问题为中心从经验实证出发，关注法律在实践中运用和实施的状况，关心的是社会实践中的法律，法律的实效性很高。其研究的方法是从经验上升到理论，也就是说，它是先从个别到一般进行归纳，在归纳之后再进行演绎。

就中国的情况而言，一部分法律原则已经被成文法律文本明确规定下来，将其作为法律规范加以适用是没有理论与实践上的问题的。至于法律文本没有明文规定的法律原则，如果能够通过对现有法律条文的解释、推导予以发现并被法律适用机关加以适用的话，同样可以将其视为法律规范。因为其本身已经隐含在生效的法律文本之中，并被法律权威机关发现并确认。如果仅有学术界的发现而无权威机关的确认并适用，仍然具有法律原则资格，但尚未成为法律规范。当然，学者所提出的法律原则，不论是基于对已有法律规范内涵的发掘，还是基于法治理念、对国外法律原则的借鉴及中国法治现实的考虑等，都有待证伪检验；若要成为法律规范，还有待法律权威机关通过法律文本或具体适用来确认。

（二）我国体育法基本原则研究的各种观点

对体育法基本原则相关问题的探讨，最早可以追溯到20世纪80年代《体育法》的起草，特别是近几年来体育法基本原则被广泛关注。由于各位学者基于不同的立场和视角把各自认为重要的东西一律视为基本原则，各自陈述着自己的道理，缺乏一个可供讨论和交流的基础，这里暂且以各家[2]提出的基本原则的数量进行归类，如果是相同数量的话则按时间先后进行排序，最后再进一步汇总进行分析和解释。

1. 九原则

汤卫东教授（2000）[3]对《体育法》总则的相关条款做了细致具体的学理解释，将体育法基本原则总结为九条，分别为：①体育为经济建设、国防建设和社会发展服务的原则；②保障和促进体育体制改革的原则；③国家、社会和个人共

---

[1] 张文显.法理学[M].北京:法律出版社,2005:10.

[2] 鉴于各家观点的提出者为独著或者合著，考虑到使下文的分析不至于混淆，列举时均采用第一作者，特此说明。

[3] 汤卫东.体育法学[M].南京:南京师范大学出版社,2000:18–24.

同办体育的原则；④对体育工作分级管理的原则；⑤国家对青年、少年、儿童的体育活动给予特别保障的原则；⑥国家扶持少数民族地区发展体育事业，培养少数民族体育人才的原则；⑦依靠科技进步发展体育事业的原则；⑧奖励原则；⑨国家鼓励开展对外体育交往的原则。这是沿用我国部门法在法律文本总则中列示基本原则的惯例，汤卫东教授进行了提炼和总结，但是由于我国现行《体育法》存在不足，加之时代的变迁，体育事业发生了翻天覆地的变化，体育行业协会改革和体育产业的高速发展，导致了“九原则”已不能适用现代体育的需求，具有明显的滞后性。值得庆幸的是，体育学术界在大力呼吁《体育法》的修改和体育法学术界的理论完善，使体育法学基础理论研究能够得到进一步的发展，这也正是本研究的价值所在。

2. 八原则

尚成、孙喜峰在《体育法应用实例说》（2005）[1]一书中关于体育法基本原则沿用了汤卫东教授的观点，在“九原则”的具体内容上略作简化，概括为八条，删去了最后一条“开展对外体育交往原则”。这种观点也是从法律文本中提取基本原则，同样存在着法律适用的滞后性，也进一步表明《体育法》急需修改，逐渐完善体育法律体系，否则，从《体育法》文本中提炼基本原则就成为无根之木。

3.七原则

张厚福教授（2000）[2]提出了七原则，他认为体育法律原则是各体育法律制度的原理和准则。体育法律原则没有明示，需要总结和提炼。体育法律原则分基本原则和部门原则。基本原则包括：①增进身心健康原则；②公平竞争原则；③提高运动技术水平，创造优异成绩原则；④为社会发展服务原则；⑤各类体育协调发展原则；⑥开展对外体育交往原则；⑦大力发展体育教育和科技原则。体育主要部门（社会体育、学校体育、竞技体育、体育对外交往、体育教育、体育科研）也都有其特有原则。这“七原则”都是提取于《体育法》条文之中，与“九原则”有相通之处，不同的是“九原则”仅在总则中提炼，而“七原则”是从总则和分则中进行提炼。不管这些基本原则是什么，都将由于《体育法》的急需修改而变得无意义，必须做出相应的变化，以便适应现代体育的发展。

---

[1] 尚成,孙喜峰.体育法应用实例说[M].长沙:中南大学出版社,2005:8-15.

[2] 张厚福.中国体育法律原则初探[J].成都体育学院学报,2000,26(3):33-35.

4. 六原则

谢茂祥先生（1987）[1]提炼出六条体育立法基本原则，从本研究所收集的文献来看，这是中华人民共和国成立以来最早论述体育法基本原则的文献，为以后的研究提供了参考价值。谢茂祥将体育法基本原则总结为：①社会主义原则；②社会主义民主原则；③从实际出发的原则；④领导和群众相结合的原则；⑤原则性与灵活性相结合的原则；⑥吸收和借鉴的原则。因为处于当时的历史环境和社会经济、政治体制当中，谢茂祥分析1949—1986年我国制定和颁布执行的200多个单行体育法规，在当时国家的发展形势和社会历史背景下，提出的基本原则都是一些政策指导性和口号宣传性的要求，很难贯穿和融入体育法律制度之中。

5. 五原则

从收集的文献来看，有5位学者分别提出五原则，尽管这些学者都认为体育法存在5个基本原则，但内容上却有很大的差异。董小龙教授（2004）[2]认为，体育法基本原则是指能够体现体育法的本质和特征，贯穿于体育法律规范中，并对体育立法、执法和司法活动起指导作用的根本准则。体育法应遵循的原则包括：①符合宪法原则；②坚持体育对外交往，遵守国际条约及国际公约原则；③坚持以经济建设为中心，各项体育运动协调发展的原则；④保护各体育主体合法权益原则；⑤维护公共利益原则。

郭为禄教授（2008）[3]认为，与我国体育事业的蓬勃发展相比，体育法治研究相对滞后，其中一个突出的表现是体育法治研究大多局限于实践操作和具体立法层面，而较少关注基本原则的系统研究，其结果是体育法治建设缺乏系统理论的指引。进而提出如下原则：①保障公民体育权利原则；②限制体育行政权力原则；③体育社团自治原则；④体育权利救济原则；⑤体育法律责任原则。

汪全胜教授（2010）[4]在对《体育法》总则进行分析后认为，完整的法的总则的规范性结构形式应该包括立法目的、立法依据、法的概念、主管部门、法的原则、法的效力、法的适用等七个方面。当然上述结构和内容的规定或表述可以有所侧重。其研究同时提出体育法的基本原则包括：①体育事业应坚持以群众体育为主导，促进各类体育协调发展的原则；②体育事业应积极为国家经济建设、国防建设与社会发展服务，以满足人民群众日益增长的体育需求的原则；③保护

[1] 谢茂祥.中国体育立法基本原则问题初探[J].体育科学,1987,7(2):5–8,93.

[2] 董小龙,郭春玲.体育法学[M].北京:法律出版社,2006:10–13.

[3] 郭为禄,李少慧.体育法治的基本原则刍议[J].上海体育学院学报,2008,32(5):1–4.

[4] 汪全胜,陈光,张洪振.《体育法》总则的反思与重构[J].天津体育学院学报,2010,25(2):97–100.

各体育主体的合法权益的原则；④公共利益优先原则；⑤国家应保障体育事业的发展，保障体育事业经费与国家体育收入有一个合理的比例，以促进我国各类体育事业健康协调发展的原则。汪全胜对于体育法基本原则的确立也是从法律文本中提取的，但是相对于之前的提取法是有所进步的，作为法律专业的学者，开始关注立法目的、法的概念等法理性追求，但是尚未充分考虑到现行《体育法》的滞后性。

谭小勇教授（2014）[1]提出体育法的基本原则是：①尊重宪法原则；②与世界体育法律法规制度接轨原则；③公平竞赛原则；④保护体育参与主体合法权益原则；⑤维护公共利益原则。他认为，探讨体育法的基本原则不能局限于《体育法》，而是要探讨体育法律领域的基本原则，还要注意体育的特殊性。对于很多学者提出的“遵守宪法原则”，这很难说是体育法的基本原则，因为法律效力优先理论要求，下位法遵循上位法，我国任何部门法都有遵守宪法的基本要求，所以，作为体育法特有的基本原则，这条法律原则很难列入其中。

周爱光教授（2015）[2]认为，国家体育法创制的基本原则是人们长期创制国家体育法经验的总结和高度概括，是创制国家体育法必须遵循的规律性反映。他提出国家体育法创制的基本原则是：①遵守宪法原则；②法制统一原则；③民主原则；④实事求是原则；⑤科学性原则。国家体育法创制的基本原则对国家体育法的创制从思想上和操作方法上具有指导意义。国家体育法创制的基本原则具有较高的概括性、操作性和稳定性。概括性是强调国家体育法的普遍适用；操作性是要保证国家体育法在体育活动实践过程中发挥作用；稳定性是指国家体育法在较长时间内的有效性。周爱光主编的教材中提出的基本原则确实有一定的时代性和概括性，但是民主、法制、科学等概念应该是价值理念层次的内容，包括遵守宪法很难实现在实际操作层面的价值和意义，需要进一步具体化。

6. 四原则

从收集的文献来看，有5位学者分别提出四原则，尽管这些学者都认为体育法存在4个基本原则，但内容上也存在着较大的差异。赵芳博士（2003）[3]提出的四原则是：①实事求是原则；②原则性与灵活性相结合原则；③创建性原则；④总结与借鉴相结合原则。

---

[1] 谭小勇，等.体育法概论[M].北京:法律出版社,2014:48-50.

[2] 周爱光.体育法学概论[M].北京:高等教育出版社,2015:47-49.

[3] 赵芳.我国体育立法的指导思想与基本原则[J].体育科学研究,2004,8(2):43-46.

孙喜峰教授（2005）[1]在确立体育法基本原则时，专门提出体育法基本原则并非随意而定，应该提前确立基本原则的标准：一是应当融入现代宪政精神；二是应当体现法律的基本价值；三是应当反映体育法的目的；四是必须具有普遍性和统帅性。依据此标准提出体育法的基本原则包括：①依法行体、依法行政原则；②体育协调发展原则；③加快体育体制改革原则；④鼓励、促进体育发展和对外体育交往原则。不管这些标准是否合理，学者提出该标准并确定这些基本原则，是体育法研究的一大进步，也为本研究提供了很高的参考价值。但是具体到"加快体育体制改革原则"，这应该是目前的现状及政策性指导，很难贯穿整个体育法制体系；"鼓励体育对外交往原则"也具有滞后性，体育的国际化以及我国参与和承办国际体育赛事的数量已经相当可观，这条原则对于现代体育的功效已经不明显了。

郭树理教授（2010）[2]提出的四原则是：①技术性事项不予审查原则；②比例原则；③法无明文规定不为罪原则；④程序正义和保护运动员权利原则。郭树理提出的四原则抛开《体育法》文本来讨论，从个案的角度来论证体育法基本原则，这也为我们的研究开阔了思路，就是体育法的研究不能只局限于《体育法》文本的研究。但是该原则提出的不足之处是只能解决竞技体育纠纷和体育纪律处罚，而很难成为整个体育法的基本原则。

洪焕珍教授（2010）[3]认为，深入研究和廓清体育法的基本原则，对于我国体育法理论的研究和加快体育法治建设，有极为重要的理论意义和实践意义，进而提出体育法基本原则为：①体育法的社会公益原则；②体育法的权利原则；③体育法的平等原则；④体育法的协调发展原则。

唐勇博士（2012）[4]也提出了四条原则，他认为体育法在制定和颁布后必然要进入诉讼领域，成为司法裁判准绳的实体法，而法律规范与法律规则的种属关系中需要构造出另一类规范，并赋予其弹性和开放性，这种规范就是法律原则。提炼体育法基本原则的意义在于克服成文法的局限性，并预设体育法所要实现的社会效果。体育法基本原则内容的提炼不是一个一劳永逸的任务，而是一个不断深化、逐渐明晰的探索过程。唐勇提出的四原则是：①保障公民体育权利原则；②公平配置体育资源原则；③促进体育产业发展原则；④有效实现体育自治原

[1] 孙喜峰，尚成.体育法教程[M].长沙：中南大学出版社，2005:17-20.

[2] 郭树理，熊瑛子.从"拒受奖牌案"看体育法基本原则[N].中国社会科学报，2011-5-27(11).

[3] 洪焕珍.体育法的基本原则研究[J].山东社会科学，2010,184(12):160-162.

[4] 唐勇.体育法基本原则的研究现状、反思与重构[J].体育科学，2012,32,(3):47-52.

则。唐勇提出的观点对笔者的启发很大，特别是提出基本原则的弹性和开放性，其确立是一个逐渐深化的过程，也具有长期性。但是对于“促进体育产业发展原则”是否合适有待商讨。一方面，体育是不是产业，不能一概而论；另一方面，要发展繁荣体育产业，是否需要用法律原则固定下来。

马宏俊教授（2015）根据国内体育立法的基本原则，在考虑区别对待不同体育类型的基础上提出：保护体育活动参与方的合法权益原则、国家保障体育事业发展原则、技术事项例外原则、用尽内部救济及司法有限介入原则。鉴于篇幅有限，马宏俊没有进行详细的分析和论证，只是提出以上基本原则，这些原则是否在同一视角下提出，以及是否涵盖了所有的分类项，有待于进一步探讨和商榷。

7. 三原则

陈华荣博士（2011）[1]提出了三原则，他认为法律来源于人们的生活和社会实践，因此，法律原则的起源和标准应当从社会生活中探寻。同理，体育法的基本原则应该从体育实践和体育活动中发现和解析，而不是舍本逐末地从体育法的文本中归纳和总结。陈华荣的三原则为：①奥林匹克主义原则；②公平竞赛原则；③和谐体育原则。从法律原则的生成方式和存在形态来说，应该包括对法律文本中原则内容的提炼。

概括以上所有学者的观点和论述，国内学者对体育法基本原则的研究基于四个方面：第一，从现行体育法文本中寻找和解析体育法基本原则；第二，在体育法文本外，以概括性的专业术语表述体育法文本所反映的体育法的基本原则；第三，体育的功能在体育法基本原则的新近表述中逐渐褪色；第四，多数学者试图从体育法的特征或精神的角度定义体育法的基本原则。笔者对国内的所有体育法基本原则学说进行汇总（表1.1）发现：基本原则作为体育法学的基础理论研究，近30年来得到广泛的关注，从法律文本中提炼是一种主要的方法论，运用法律专业术语进行概括成为一种新的趋势，逐渐转入体育法律实务的实践研究，并且向国际化方向发展，但是，所有的学者对体育法基本原则尚未达成共识，而且体育法学作为法学的分支学科，与法哲学研究过于隔绝，特别是对于现阶段的体育法尚未完善，体育法文本急需修改时期，急需对体育法基本原则进行系统的法理分析。

[1] 陈华荣.体育法的基本原则:以体育特殊性为标准[J].体育与科学,2011,32,(1):5-11.

表1.1 体育法基本原则各家学说一览表

类别	来源	基本原则内容
九原则	汤卫东（2000年）	①体育为经济建设、国防建设和社会发展服务的原则；②保障和促进体育体制改革的原则；③国家、社会和个人共同办体育的原则；④对体育工作分级管理的原则；⑤国家对青年、少年、儿童的体育活动给予特别保障的原则；⑥国家扶持少数民族地区发展体育事业，培养少数民族体育人才的原则；⑦依靠科技进步发展体育事业的原则；⑧奖励原则；⑨国家鼓励开展对外体育交往的原则
八原则	尚成、孙喜峰（2005年）	①体育为社会发展服务原则；②促进体育体制改革原则；③共同发展体育原则；④体育工作分级管理原则；⑤对青少年、儿童的体育活动给予特别保障的原则；⑥培养少数民族体育人才的原则；⑦科技体育原则；⑧奖励原则
七原则	张厚福（2000年）	①增进身心健康原则；②公平竞争原则；③提高运动技术水平，创造优异成绩原则；④为社会发展服务原则；⑤各类体育协调发展原则；⑥开展对外体育交往原则；⑦大力发展体育教育和科技原则
六原则	谢茂祥（1987年）	①社会主义原则；②社会主义民主原则；③从实际出发的原则；④领导和群众相结合的原则；⑤原则性与灵活性相结合的原则；⑥吸收和借鉴的原则
五原则	董小龙（2004年）	①符合宪法原则；②坚持体育对外交往，遵守国际条约及国际公约原则；③坚持以经济建设为中心，各项体育运动协调发展的原则；④保护各体育主体合法权益原则；⑤维护公共利益原则
	郭为禄（2008年）	①保障公民体育权利原则；②限制体育行政权力原则；③体育社团自治原则；④体育权利救济原则；⑤体育法律责任原则
	汪全胜（2010年）	①促进体育协调发展原则；②体育为社会发展服务原则；③保护体育主体合法权益原则；④公共利益优先原则；⑤合理比例原则
	谭小勇（2014年）	①尊重宪法原则；②与世界体育法律法规制度接轨原则；③公平竞赛原则；④保护体育参与主体合法权益原则；⑤维护公共利益原则
	周爱光（2015年）	①遵循宪法原则；②法制统一原则；③民主原则；④实事求是原则；⑤科学性原则
四原则	赵芳（2003年）	①实事求是原则；②原则性与灵活性相结合原则；③创建性原则；④总结与借鉴相结合原则
	孙喜峰（2005年）	①依法行体、依法行政原则；②体育协调发展原则；③加快体育体制改革原则；④鼓励、促进体育发展和对外体育交往原则
	郭树理（2010年）	①技术性事项不予审查原则；②比例原则；③法无明文规定不为罪原则；④程序正义和保护运动员权利原则
	洪焕珍（2010年）	①体育法的社会公益原则；②体育法的权利原则；③体育法的平等原则；④体育法的协调发展原则
	唐勇（2012年）	①保障公民体育权利原则；②公平配置体育资源原则；③促进体育产业发展原则；④有效实现体育自治原则
	马宏俊（2015年）	①保护体育活动参与方的合法权益原则；②国家保障体育事业发展原则；③技术事项例外原则；④用尽内部救济及司法有限介入原则
三原则	陈华荣（2011年）	①奥林匹克主义原则；②公平竞赛原则；③和谐体育原则

三、国外研究状况及其评价

在法律英语中，原则（Principle）的含义为：①法律的诸多规则或学说的根本真理，是法律的其他规则或学说的基础或来源；②确定的行为规则、程序或法律判决、明晰的原理或前提，除非有更明晰的前提，不能对之证明或反驳，它们构成一个整体或整体的构成部分的实质，从属于一门科学的理论部分[1]。在英语国家的法律及法学中使用“基本原则”（Fundamental Principle/Basic Principle）的比较少，大部分是使用“原则”一词[2]。特别是英美法系国家，由于判例法的法律体制，他们更注重法律实务。尽管这样，本研究还是找到了一些国外学者关于体育法基本原则的相关论述，即使这些原则有时候看起来和我们汉语中的“基本原则”不搭边际，但是对本研究的文献综述和研究参考还是很有价值的。

“法律原则”最早出现在雅典法律及古希腊地方法律。柏拉图和亚里士多德经常提到的法律原则形式是比例原则和司法公正原则，后来被罗马法称为“公平原则”。法律原则能否成为现实中适用的法律规范，在法律尚属于各民族国家特定历史时期的社会现象时，还有赖于各国在特定历史时期的法律实践中对法源范围的承认与接受。当然，这一承认与接受是与各国的法制传统、习惯、政治体制等密切相连的，也是与一国的理论观念密切相关的。我们可以用哈特的“承认规则”理论来阐释这个问题，当然我们不能把决定这一“承认与接受”的承认规则当作决定什么是法或什么不是法的根据，它是各国在特定的历史时期把什么当作法律规范适用的鉴别标准。而且这一标准的内容也不是一成不变的，而是处在不断演化的进程中。例如，在日耳曼法制历史的早期阶段，习惯法几乎是其民法的唯一法律渊源，其法律效力与是否以文字记载没有关系。《德国民法典》制定以后，与该制定法不一致的习惯法全部被取代，形成了制定法为主、习惯法为补充的法律渊源格局[3]。因此，法律原则从理论上说具有成为法律规范的资格，从实践上看还有待于各国法律规则的承认。

进入现代社会以来，身体健康成为全人类共同关注的热点话题，体育作为有效促进健康的手段之一，形成了体育国际化和体育统一化的目标价值体系。世界各国均有相应的法律制度和社会规范来保障体育事业的顺利发展，并且联合成立

---

[1] See Henry and Campbell Black. Black's Law Dictionary. West Publishing Co.,1979, entry “Principle”.

[2] 徐国栋.民法基本原则解释——以诚实信用原则的法理分析为中心（增删本）[M].北京:中国政法大学出版社,2004:7-8.

[3] 卡尔·拉伦兹.德国民法通论[M].王晓晔,等,译.北京:法律出版社,2003:10.

国际奥委会、国际单项体育联合会、国际体育仲裁委员会等社会组织团体，共同管理和促进国际体育行业的快速发展。本研究前期收集了美国、法国、波兰、俄罗斯、瑞士、新西兰、阿根廷、芬兰、乌克兰、捷克、斯洛伐克、秘鲁、古巴、罗马尼亚、澳大利亚、日本、韩国、泰国、马来西亚等二十几个国家的体育法文本（中文版），从中搜寻体育法基本原则，进而为本研究提供参考和借鉴。

国际公法领域的一系列立法文件，对国际体育法基本原则做出了较为丰富的规定，比如联合国大会1945年制定的《联合国宪章》、1966年制定的《国际人权公约》、1985年通过的《反对体育领域种族隔离国际条约》等国际立法文件中，都包含有国际体育立法的内容和原则性规定，这些构成了国际体育法基本原则的法律渊源。另外，1978年制定的联合国成立以来的第一个国际体育法律文件《体育运动宪章》所规定的内容对各国体育立法也有重要的指导作用。

国外有学者从国际合同法的角度探讨体育领域适用的一些原则，它们是：①契约自由原则；②约定、规定不明确有利于义务当事人原则；③解释合同探求当事人真实意图原则；④保护合法期待利益原则；⑤诚实信用原则；⑥情势变迁原则；⑦不可抗力原则；⑧善意原则；⑨有约必守原则；⑩平等原则；⑪法无明文规定不为罚原则；⑫比例原则；⑬格式合同解释有利于弱方当事人原则[1]。从这些法律原则可以看出，国际上对于体育法的分类是按照法学的类型进行的，这些原则大都是体育领域和国际合同法相交叉的原则，也有体育民事法律关系所须遵循的原则，这些不能都归结为体育法的原则。

国际体育仲裁法庭（Court of Arbitration for Sports，简称CAS）对体育案件适用的一般原则包括：①对体育事项的司法自我限制原则；②出庭接受聆讯的权利原则；③无偏私的裁决机构原则；④善意原则；⑤存疑利益归于被告原则；⑥规则与指南的关系原则；⑦合理期待原则[2]。这些原则是从体育仲裁视角提出的，不能归结于体育法基本原则。

奥拉特乌拉（Ola O. Olatawura）于2008年提出了国际体育法的四原则：①奥林匹克主义原则；②公平竞赛原则；③接近原则；④商业原则。他指出现阶段的国际体育法仍然处于非完全法典化的阶段。司法机关和立法机关对体育法基本原

[1] 米歇尔·贝洛夫,蒂姆·克尔,玛丽·德米特里.体育法[M].郭树理,译.武汉:武汉大学出版社,2008:10-14.

[2] 米歇尔·贝洛夫,蒂姆·克尔,玛丽·德米特里.体育法[M].郭树理,译.武汉:武汉大学出版社,2008:235-239.

则的阐释仍然具有十分重要的意义[1]。

现代世界各国基本上都有自己的体育立法，如英国1937年就制定了《身体锻炼与休闲活动法》，巴西1941年制定了《体育法》，日本1961年制定了《体育振兴法》（2011年修改为《体育基本法》），美国1996年颁布了新的《奥林匹克和业余体育法》等。

希腊是奥林匹克文明的发源地，也是制定成文体育法的国家之一[2]，《希腊宪法》和有关体育法制对希腊体育活动的基本原则做了明确规定：①自由参与体育活动的原则；②自由发展人格的原则；③自由选择体育俱乐部的原则；④对业余和职业运动员加以区分的原则。

《葡萄牙共和国宪法》第79条规定："每个人都有从事体育的权利；国家有与学校、体育组织和体育社团进行合作以便推动、激励、引导和扶持体育运动开展和推广的责任，以及阻止体育运动中的暴力行为的义务。"《体育制度基本法》体现的基本原则是：①以宪法为根据原则；②国家政府在体育运动中的中心作用原则；③承认奥林匹克主义原则；④普遍性（或大众化）原则；⑤体育系统的分权原则；⑥体育活动的多重性原则；⑦遵守体育伦理道德原则；⑧体育组织的参与原则；⑨司法介入的限度原则[3]。

国际上对体育法基本原则做出的规定也很广泛，从世界各国及国际体育的角度对体育法概念的认识来看，其明显受到各国的政治、经济、文化和法律背景，以及体育实践差异的影响。英美法系国家强调处理体育纠纷中疑难案件，并从中提取出具体的适用原则，这是比较符合英美法系国家的判例法制体系；对于大陆法系的成文法国家来说，从法律文本中提取法律原则也是一种主要的方法。这些法律原则对本研究具有很高的参考价值和借鉴意义，但是这些原则是如何生成的？这些原则是否能够涵盖体育法的所有内容？是否能够真正体现体育法的核心价值体系？这些还需要进一步的探索与追问。

四、小结

从收集的资料来看，关于体育法基本原则在国内外都有研究，并且近几年有快速上升趋势，逐渐引起各国学者的重视。体育法基本原则研究的重要性毋庸置疑，各种观点的争论也是合乎规律发展的，只有更多的争论、更激烈的争论，

[1] Ola O. Olatawura . Fundamental doctrines of international sport law[J].ISLJ,2008,3 –4:130 –143.

[2] 黄世席.欧洲体育法研究[M].武汉:武汉大学出版社,2010:337–341.

[3] 黄世席.欧洲体育法研究[M].武汉:武汉大学出版社,2010:351–356.

才能更好地促进该论题的发展，使基本原则更接近于本质，更接近于元问题。因而，我们不能随便把一个宏观的、抽象的体育法律规范当成体育法基本原则对待，还要看它在法理上是否具备法律原则的一系列构成特征。由于各国之间及国际间的政治制度和法律体系的制约，国内的体育法基本原则侧重于法律条文的提炼和总结，逐渐转入体育法律实务的实践研究，并且呈现出向国际化发展的趋势，而国外体育法原则是强调某一领域或者某一部门的一般原则。大部分学者提出体育法基本原则的方式方法均不相同，没有共同交流的平台，各自为政，基本内容尚未达成共识，而且体育法学作为法学的分支学科，与法哲学研究过于隔绝，特别是在现阶段的体育法尚未完善、体育法文本急需修改时期，急需对体育法基本原则进行系统的法理分析。

关于体育法基本原则的论证，国内体育法学者在不同的时期，从不同的角度提出了各自的看法。综合学者对这些体育法基本原则的观点，笔者认为所谓体育法基本原则是指贯穿全部体育法及其相关的法律规范，具有指导和制约体育立法、体育执法和法律适用的意义，并在这些过程中能够体现体育法治的基本精神的行为准则和法治原理。法律原则是法律规范的骨架和灵魂，前人对体育法基本原则的研究是基于法律条文或者体育法律实务，并未按照法理上的分析方法，专门对体育法基本原则进行推理和论证，将体育法原则和体育法概念、体育法规则进行规范化分析。还应当根据法律原则的设置要求或立法技术规范[1]，对体育法基本原则设定进行改进，使其既符合相应的立法技术规范，又能准确地表达体育法所要遵循的基本原则。总体来说，目前存在的最大问题是，体育法基本原则的研究与法哲学研究过于隔绝，未能很好地吸收中外法哲学研究的成果发展自己。

第三节 研究方法

马克思说：“不仅探讨的结果应当是合乎真理的，而且引向结果的途径也应当合乎真理。真理探讨本身应当是合乎真理的，合乎真理的探讨就是扩展了的真理。”[2]科学的研究方法才能保证研究结果的科学性，法律原则是法哲学的研究范畴，准确地选择科学的研究方法是至关重要的，体育法基本原则问题属于基础

[1] Ola O. Olatawura . Fundamental doctrines of international sport law[J].ISLJ,2008,3 –4:130 –143.

[2] 马克思.青年在选择职业时的考虑.马克思恩格斯全集（第1卷）[M],北京:人民出版社,1956:8.

理论研究范畴，本研究采用以下几种研究方法，对体育法基本原则的相关议题进行探讨。

一、文献资料法

本研究在文献资料的收集过程中，除了借助南京师范大学图书馆、南京师范大学法学专业图书馆和南京师范大学体育科学学院资料室的馆藏，还充分利用网络资源优势，检索了中国知网数据库、北大法宝数据库、EBSCO等数据库，还从法院的判决书、国际体育仲裁院（CAS）的仲裁结果中查阅和收集了大量与本研究相关的文献资料。资料包括硕博士论文、中文专著、国外经典著作（中文版）、教材型著作等研究成果100多部；学术期刊论文、案例判决、仲裁结果通知书等文献资料约300篇，涉及法理学、宪法学、社会法学、民法学、行政法学等法学领域；还涉及体育法学、体育产业、体育社会学、体育概论等体育学领域。此外，笔者还查阅了体育发展的政策性文件、领导讲话、报刊及国家社科基金课题成果和国家体育总局哲社课题成果等相关文献资料，为本研究奠定了坚实的理论基础。

二、规范分析法

规范分析法在西方有着悠久的历史传统，以霍布斯、边沁的著作为源头，奥斯丁确立了规范法学的学科范式，凯尔森、哈特、富勒、拉兹、庞德和麦考密克尔在各自的时代，代表了规范法学的新形态，形成了各自独特的分析工具和分析方法，从总体上来看，他们都可以归纳到规范分析法学派当中[1]。

规范分析作为一种法学的研究方法，是以探求法律的合理性、合法性、规范性、实效性为目的的，以特定时期存在的法律制度为依据，坚持实证法学的“分离命题”，发现法律能对人们起到一定的规范作用的内在奥秘。规范分析法尊重法律规范本身，通过逻辑分析、语义分析、概念分析、价值分析等具体方法，发现法律制度在“实然”中的问题，寻求问题的解决方案，促使法律制度向“应当”状态变革的一种研究方法；既是一种思维过程的预设程序，也是一种思维内容的特定表达方式。其基本的出发点在于法律规范和其可能的效力之间的关系对照和对比。规范研究方法的分析对象、具体分析方法都具有“开放性”；通过法律的规范分析和概论梳理，以寻求规范背后的意蕴。

---

[1] 张功.法学研究的理论与方法[M].北京:中国政法大学出版社,2016:13.

体育法学属于法学范畴，但是体育法学起步较晚，研究不够深入、研究手段方法单一等因素导致体育法学进程缓慢。规范研究方法侧重于从哲学思辨的角度去研究理论价值规范，并以此为终极目标和根本原则，对社会制度性问题进行静态的、描述式的、历史主义的研究，在研究过程中重在追溯某些重要的、正式的社会制度和机构的历史渊源、演变过程和发展规律。体育法基本原则的研究是法理学范畴，运用法学规范性分析十分必要。

三、访谈法

在论文选题、研究内容和总体框架、论文写作的过程中，笔者通过E-mail、电话、当面访谈等方式对国内的法学专家，包括体育法学专家进行了咨询与访谈，同时在多次参加全国体育法学年会和环渤海体育法学论坛时，同圈内的专家、学者、律师针对写作过程中出现的问题和疑惑进行了交流与讨论。在平时的研究和论文写作过程中，笔者经常向自己的导师和法学院的博导进行请教，与同届的法理学博士和体育学博士进行交流和讨论，从不同的角度探讨法律原则、体育法、体育等相关领域的法律问题，为本研究获取了大量的信息和资料。

四、比较研究法

比较研究法在法学术界是一种重要的分析方法，也是一种思维方式。对不同时期和不同国家的法律制度进行比较，找出事物之间的相似性和差异性，对法律体系的不同进行比较和分析，区别对待，达到深刻的认识。关于各国法律制度的比较，在法学术界有这样一种共识：对于国家和社会来说，一种可靠和稳定的法律秩序是必不可少的；如果人们在创制和发展本国法律规则时，竟然对外国相似规则及经验视而不见，便是不明智的。因此，法律学者都必须熟知进行法律比较的工作方法，而且必须随时自由无阻地敞开通向外国法律之门[1]。

只有在比较中，方可发现差异，对不同视角下的体育法基本原则进行比较，找出这些差异的原因，进行正确的评价，进而发现其中更好、更准确、更接近真理的原则。法律原则和体育法基本原则的研究内容比较丰富，首先要在梳理的过程中进行比较和取舍，这样才能很好地借鉴和参考运用。本研究侧重通过比较的方法来分析体育法基本原则和其他法律基本原则、中外体育法基本原则、体育法基本原则内部之间的相互关系和异同，根据价值论证原理去解释和揭示造成异同

[1] K.茨威格特,H.克茨.比较法总论[M].潘汉典,等,译.北京:法律出版社,2003:3.

的深层原因，并在此基础上探讨和确立体育法的基本原则。

五、案例分析法

法律原则具有一定的抽象性，对于法律原则的研究如果仅仅以抽象伦理的方式进行，不但不能从根本上解决问题，而且会在理论界引起无休止的唇舌大战。既然基本原则隐藏在具体法律规范之中，那么研究基本原则就应从具体规范入手。但这并不是研究具体规范的构成要件和法律效果，而是探究具体规范背后所隐藏的体育法价值观，并基于对其背后价值观的理解，尝试处理那些法律规范射程范围之外的事例，即通常所谓的“法律漏洞”。如果没有将体育这一不断变化的社会活动现象限制在特定的时空条件下，那么对体育法基本原则的研究就会显得僵化和静止，缺乏说服力。只有将某些相类似的案件集合在一起，使抽象化研究变得流动和开放，才能进而探求法律规范背后的基本原则，并同时可以验证该基本原则是否具有普遍适用性。案例分析法是以体育实践活动中可以观察到的经验事实为依据，采用法治思维和法律规范，具体地、实证地、精确地研究体育活动过程的体育纠纷和冲突事件。

体育是一种不断发展变化的社会实践活动，体育竞赛中的争议和纠纷随着人们观念和社会变迁而层出不穷，体育规则和体育法的规则难免出现漏洞，也不可能穷尽所有的情况。法律原则主要用于司法实践中的疑难案件的处理，体育法基本原则正是担当了这样的角色。因此，在体育法基本原则的研究过程中，案例分析及评论将无法缺席。为了保证案例的权威性，要尽量选取权威机构、官方网站发布的典型案例，包括法院的判决书、国际体育仲裁院（CAS）的仲裁结果、北大法宝的在线资源等案件，尽量避免使用新闻媒体的主观性评价和猜测性内容。

除以上几种主要研究方法外，归纳法、演绎法、逻辑分析法、系统方法、社会学方法等也是体育法学理论研究不可或缺的，只是在不同的研究内容中有所侧重或综合运用，在本研究中也有所涉及。

第四节　研究思路

本研究的主要理论依据是“社会法理论”和“法律原则理论”，以哈特、德沃金、庞德、阿列克西、张文显等人的“原则问题”“法的模式”“法律原则”理论进行综合分析和借鉴[1]。从社会法的视角，以体育法基本原则与法哲学过于隔绝为反思对象，对体育法学理论中的基本原则进行探讨，通过分析体育法原则、体育规则和体育政策的相互关系，形成体育法基本原则理论，解决体育实践问题，并且从体育法基本原则的价值取向、生成机理、相互关系等理论体系入手，确立体育法基本原则，并提出相应的实践运用。（图1.1）

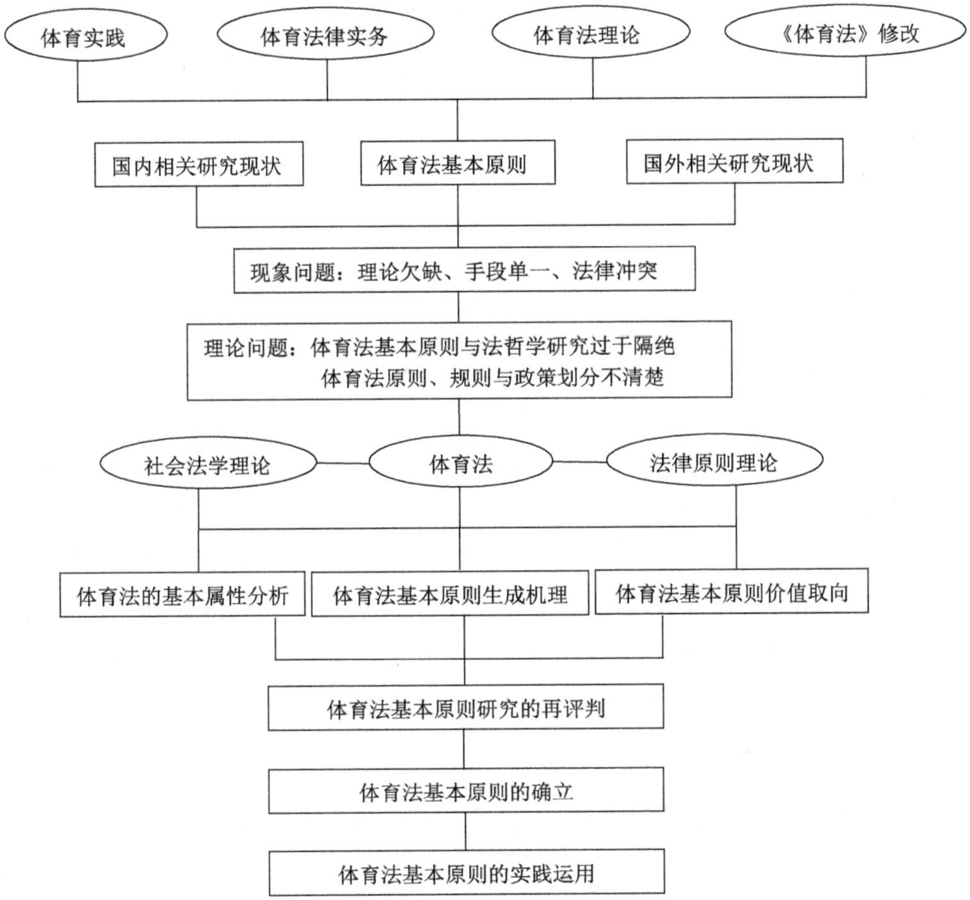

图1.1 研究思路

[1] 庞正,杨建.法律原则核心问题论辩[J].南京师范大学学报（社会科学版）,2010,26(3):33 –35.

第五节 本研究的理论价值和实践意义

一、促进体育法学的理论建设和学科发展

不论是庞德、德沃金、凯尔森、阿列克西，还是张文显等著名法学家，都对法律原则有过深入的研究，原则作为法律体系的“神经中枢”，具有使法律规则保持连续性、稳定性、协同一致性的作用，同时，还是后继立法的出发点。体育法作为独立部门法，基本原则的研究应该具有很重要的研究意义。然而考察我国的体育法学者对基本原则的研究发现，现有的研究大多是对体育法的文本进行法教义学的阐释，以及如何解决体育实践中所产生的具体法律问题。对体育法基本原则在应然的层面上做深入的理论剖析比较少，这就导致了体育法基本理论研究的薄弱，严重影响了体育法作为一门独立法学科的地位。不仅如此，基础理论的薄弱还会导致对体育实践中遇到的具体法律问题难以进行有效回应的难题[1]。

体育法学作为一门独立的学科，需要有基础理论和学科建设等相关研究的支撑，从目前的实际情况来看，体育法学的实践应用研究比较丰富，基础理论相对薄弱，这应该是体育社会实践中所产生的法律问题在先，对体育法律法规的制定和研究形成倒逼形势，以至于急需解决体育学中的基础理论研究。这种对体育法基本原则的描述性研究积累到一定程度，肯定会引起研究者的问题意识和学术自觉，从而转向深度描述，开始寻求体育法基本原则的哲学解释。体育法学基础理论研究的力度加大，是体育法学的理论建设和学科发展的必然需求。

二、为体育法学者提出新的研究方法和研究思路

美国是现代体育高度发达的国家，其体育法学研究比较早，与中国最大的不同之处是大部分法学院都开设体育法课程，研究人员基本上是法学教师、律师及法律工作者，我国的体育法学课程主要在体育学院开设，随着这几年的体育法律事件受到社会的关注和体育法学研究内容的增多，法学领域的学者及律师也逐渐加入，形成体育学者和法律学者及律师共同参与的体育法学研究群体，共同关注体育法学基础理论研究和体育法律实务实践相结合的模式。

[1] 周爱光.法哲学视野中的体育法概念[J].体育科学,2010,30(6):3-13.

从实际情况来看，法学研究群体的加入，使我国体育法研究开始运用法学知识和法学方法，更多地关注体育法基础理论知识，比如体育法是什么的元问题、体育法的核心价值、体育法基本原则等法理学议题。本研究也是借助价值分析、规范分析等方法对体育法进行法理探讨，追问体育法的本质属性、体育法基本原则的形成价值、产生机理等根本性问题。实现体育法基本原则的规范性分析，就是要将体育法原则和体育法概念、体育法规则，作为体育法规范的一个组成部分；不同于从事实出发的一般体育法学研究，而是从法律本身去推理法律原则的一种研究思路，最后形成社会成员共同的、根本的道德价值和标准的法律化或法律形式。

三、为《体育法》修改提供参考和借鉴

《体育法》是我国体育活动的基本法，对体育活动的法治原则、基本制度、运行机制等进行了概括性和全局性的规定。就法律原则的规范性而言，潜隐于成文法之中的隐形法律原则应特别受关注，它成为无论是英美法系还是大陆法系司法实践中不可或缺的重要组成部分，并带来了一系列重要的理论与实践难题，而且由它所构建起来的法律与道德之间的动态联结，对我们理解法律的本质属性及义务来源都是非常重要的[1]。

1995年颁布的《体育法》在制度变迁和时代发展的大背景下，面对体育改革的攻坚阶段，社会全面推进依法治国的重要时期，《体育法》已然难以应对、无力承载，现行《体育法》修改已经成为必然。体育法治建设是我国社会主义法治体系中的重要组成部分，《体育法》的修改关涉中国体育法制建设和体育发展的全局。立法者在探讨抽象法理念的同时，还要考虑体育社会实践和体育特殊性要求，然后确定体育法基本原则，再由基本原则派生出具体制度和法律规则。因此，在现阶段，需要重新评估和整理《体育法》的修改思路，厘清体育法的基础理论，从立法学、法理学角度去推进《体育法》修改的工作。

四、为体育法律实务工作者提供规则补充

毫无疑问，原则在法理学中的产生和引入，使人们认识到绝对的自由裁量主义和绝对的规则中心主义都无法实现法的正义和法的安定，无法将法律与社会需要有机地沟通连接起来。于是，人们便在绝对的自由裁量主义和绝对的规则中心

[1] 杨建.法律原则的规范性研究[J].北方法学,2011,29(5):131-145.

主义这两个极端之间取了一个中间值，原则也就顺利地取得了进入法律“帝国”的门票[1]。

这里必须要厘清原则和规则的关系，原则的发生严格地讲并不在于国家和官方权威，而在于社会和民间习尚。虽然从表面上看，原则也可以由立法机关“写入”法条中，但是从严格意义上讲，原则不是“制定”的，而是“形成”的。从体育法律的实践来看，无论是体育伤害事件，还是乔丹商标侵权案，或者裁判黑哨等诉讼至法院的体育纠纷，大部分采用民法、刑法、行政法的规则作为审理依据。因此，体育法律实务工作者的体育法律依据比较缺乏，体育法基本原则的确立可以暂时缓解燃眉之急，也能适应国际体育领域处理体育纠纷的方式，增强体育从业者的法治意识。

[1] 李可.原则和规则的若干问题[J].法学研究,2001,(5):66-80.

第二章　研究的理论基础

体育是一种社会现象，越来越多的人关注和参与其中，涉及的很多法律问题需要使用法学思维进行解决，体育法学应运而生，在国内外体育领域都有所适用，但是体育法学的基础理论研究相对薄弱。为了加快体育法学的学科建设，以适应法治社会的需求，笔者对体育法基本原则进行了追问与探求。本研究首先要解决的问题是“体育法的基本属性”，寻求社会法相关理论作为基础；其次是“基本原则的确立”，以寻求法律原则理论作为基础。因此，本章内容是对两个基础理论的相关研究进行梳理，以便于后文的分析。

第一节　社会法相关理论

“社会法”一词并不是中国土生土长的，它属于舶来品，是在我国改革开放后建设社会主义市场经济中逐渐引进的一个法社会学概念。最早在20世纪初，欧洲学者已经在相关的制度事实中发现了“社会法”存在的某些现象，并逐渐上升为学术概念，同时有大量的著作对其进行了详细的介绍。“最初这一学术概念的提出不是用来概括、表述和调整某一类特定的社会关系的法典。事实上，它是学者们构想出来的法学意义上的概念，用来界定当时社会中新出现的各种社会关系和立法现象[1]。社会法相对应的理论学科体系是法社会学，或者法律社会学，也可以称为社会学法学，这些名称在很多时候被认为是同一法学学科，但也有人持反对意见。例如《法理学英汉对照》就将法社会学解释为“通过对某一社会现象

[1] 吴谦,王为农.社会法的基本问题：概念与特征[J].财经问题研究,2002,(11):90–94.

的分析来试图理解法律的本质，反之法律社会学则是将法律作为社会控制的一种形式，通过对法律的研究来解释社会的本质”。社会法是在传统的公法与私法难以调整的情况下产生的，它的基本功能是保障公民的基本生存权利，并借此达到对整个社会保护的功能。它的价值取向是区别于矫正正义的分配正义和公民平等发展的理念，并通过国家制定相关的社会政策，使其以制度化的法律类群保障社会法的实施。因此，它不同于传统的自由主义思想下产生的形式平等的思想，它追求的是社会实质的平等，使分配正义在交换正义领域也能有所体现[1]。

一、社会法是公法和私法之外的第三法域

什么制造了社会法比社会法本身更重要[2]？想要对社会法有更加深入的认识，就必须了解社会法所产生的本质原因。它是社会法的内核，决定着社会法的性质和发展的方向，也决定着社会法可能存在的内容体系。社会法最早出现在工业革命率先完成的英国，随后德国、美国、日本等工业化高度发达的国家也都相继出现了社会法的研究。因此从历史脉络来看，社会法的发展不是一蹴而就的，它是一个漫长的演化过程，在这个演化的过程中，各个国家的学者根据各自国情的不同，分别提出了不同的观点。因而形成了内容丰富、体系完整的社会法学说。下面我们将以时间为线索对社会法的产生和发展做一个梳理，以期能够对社会法形成一个完整而又充满体系的了解。

在工业革命刚刚兴起的英国，其早期的社会法研究中，主要的问题都是如何保障工业革命对农民带来的生存权的问题。英国在1600年前后开展的圈地运动使得大量的农民失去了赖以生存的土地，他们没有能力获得基本的生存物质，而城市中在工厂做工的广大无产者由于没有能力解决失业、伤残、年老等工业化带来的社会问题，导致了罢工、示威游行等扰乱社会秩序的行为频发。所有这些都严重动摇了资产阶级统治的稳定性，为了巩固资产阶级的统治，英国在1601年颁布了世界历史上第一部属于社会法性质的《济贫法》，规定建立收容场所、组织穷人和儿童进行就业训练等，对社会上不稳定的因素加以救济，以减少可能引发的社会动荡。但是在1834年，英国《济贫法》修正案，以及瑞士和挪威等欧洲一些国家的《济贫法》，则转变了过去由国家强制实施的方式。原因在于其对国家职能理念的转变，在于把社会救济视作公民的一项基本权利，相对应的国家对公

[1] G.拉德布鲁赫.法哲学[M].王朴,译.北京:法律出版社,2013:129.

[2] Francois Ewald. A Concept of Social Law, Dilemmas of Law in the Welfare. Edited by Gunther, Teubner. Berlin: Walter de Gruyter. 1986:41.

民实施社会救济是其应尽的义务，公民的权利可以放弃，但是国家的义务却不能不履行。不仅如此，英国社会法保障的范围和程度不断加深，随后颁布了《工厂法》《矿井法》《十小时工作法》《公共卫生法》。这些法律从强调保护童工和女工的基本权利，发展到规定最高工时、最低工资，大大减轻了在工厂工作的无产者的负担，并给予了他们较多的自由发展的时间。

随着工业化进程的不断加快，德国社会法的制定也紧随其后，在1883年后相继制定了《疾病保险法》《意外事故保障法》《老年及残废保险法》等多部社会法律。比较全面地规定了社会法所要保障的范围和主体，在以往社会法救济的基础上，延伸出劳动者对其可能遭受疾病、意外事故、人身安全、老年困境等危险时享有受到国家保护和救济的权利。

社会法的概念也是在这个时期的法律中被人们加以认识和提出的。因此，社会法的内容早先被人们认为是社会保险法的范畴，后来有的学者根据实践发展的需要，又提出了社会法既包括劳动法又包括社会保障法的观点。此后，英国于1908年颁布了《老年年金保险法》，这被认为是政府在历史上第一次有责任地对低收入的老年人加以救济。1911年颁布的《失业保险与健康保险法》和《国民保险法令》，则是要在全国强制地推行失业保险来对失业的工人加以救济。1918年颁布的《妇女儿童福利法》与1925年颁布的《寡妇孤儿及老年年金法》，均突破了济贫法时代社会救济制度的局限性，拓展了政府救济的范围和深度，体现出现代社会保障制度的国家责任特点。1934年颁布的《失业法》，将长期失业的情况从社会保险计划中分离出来并单独给予救济。至此，英国在形式上已经形成了完备的社会保险法体系。

20世纪30年代，美国为了拯救经济危机所带来的社会萧条，缓和日益尖锐的社会矛盾，在1935年制定了《社会保障法》，对社会上的弱势人群施加最低生存保障的救济。有学者声称该法旨在增进公共福利，通过建立社会保障救济制度，使政府能够为老人、孕妇和残疾儿童提供最基本的社会生活保障；为国家在妇幼保健、公共卫生和失业补助方面做出维护社会稳定的制度安排；在形式上规定了各种补助款和救济金的项目，其中最重要的就是规定了老年人、失业人群和未成年儿童的社会保障。法国也在1956年颁布了《社会安全法典》，规定了国家或者社会运用集体的力量建立一个社会防护网，用以解决可能发生的生、老、病、死、伤、残、失业、职业灾害等社会风险所带给公民的损害。因此，在总结了以上法律后，有的中国学者认为，社会法主要是保障劳动者、老人、失业者、丧失劳动能力的人和其他需要扶助的弱势群体之权益的法律，其内容包含三类法律：

劳动法、社会保险法和社会救济法。

20世纪中期，市场经济发达国家的学者们在对已经广泛制定并正在完善的社会法法律制度进行研究的基础上，提出了较为系统的社会法理论。其中尤以德、日等大陆法系国家的学者为主力，展开了对社会法理论探讨的热潮。社会法概念在日本兴起，虽然可以追溯到19世纪的明治维新时代，但其真正成为一个独立的法律部门，并获得国家制定法上的依据，则是第二次世界大战之后的事。之后，我国台湾地区学者也掀起了社会法理论探讨的热潮[1]。

“以英国和美国为代表的英美法系，社会立法被解释为对具有普遍社会意义的立法的统称，其关系到教育、居住、健康福利设施、抚恤金及其他社会救济方面的立法。然而具体到法律体系中时，却并没有直接使用‘社会法’一词的概念加以定义。例如，在英国用‘社会安全法’（Social Security Law）加以定义，美国则是用‘社会福利法’（Welfare Law）的概念。即使在大陆法系内部也有不同的理解，比如德国和法国的法学研究者对社会法就有不同的看法。在德国，‘社会法’一般是指社会安全法，内容主要是关于社会预护法、社会补偿法和社会促进与社会扶助法。在法国，一般法学研究者指称的‘社会法’意指以研究劳动关系为主要内容的劳动法和研究社会安全制度相关法律规范的社会安全法。[2]”同样属于大陆法系的日本学者也有不同的看法，他们更侧重于对社会法的基础性问题作出阐述。有日本学者认为：相对于以个人权利义务为核心的个人法，社会法是以个人利益服从于社会的整体利益为基本法理的法。另一位日本学者提出：作为对传统民法的修正，社会法是国家基于社会正义的考虑为维护公民基本的生存权而建立的法律制度，也有学者赞同社会法是对古典民法的修正，是“追求具体的、实质意义上的自由、平等和独立”的法律制度[3]。

国外法学研究中社会法概念的不统一现象比较普遍，但这并非是社会法理论研究中基础理论薄弱和研究前提缺失的结果，而是反映社会法的基础理论因各国社会法产生、发展的具体环境不同和学者们研究社会法的定位及立场不同而出现的百家争鸣的景象。在研究社会法理论问题的过程中，研究人员可以根据自己选取问题的角度来选择因定位不同出现的不同的社会法概念，作为自己论述和探讨的理论前提。社会法是以实在法存在先于社会法理论而展现在世人面前的。也就是说，关于社会法源与流问题研究的逻辑起点，不是社会法法群或是社会法法

[1] 郑尚元.社会法的定位和未来[J].中国法学,2003,(5):125-134.

[2] 竺效.“社会法”的意义辨析[J].法商研究,2004,(2):61-64.

[3] 王为农.日本的社会法学理论：形成与发展[J].浙江学刊,2004,(1):31-34.

域，而是区别于公法、私法社会调整方法的社会法法律规范。简而言之，社会法在国外法学研究中并没有得出统一的概念，大多数学者从自己的研究立场出发解释其对社会法的理解，因其所处的社会具体环境不同、研究立场不同、分析社会法所解决社会问题角度不同而对社会法的概念做出不同的界定。

目前，国内学术界对社会法的概念也存在着较多的争议，法律上也未对于什么是社会法做出明确规定。总结比较有代表性的观点，可以归纳出基于如下三种定位的社会法概念。

（一）法律部门说

2001年第九届全国人大第四次会议上，国务院总理李鹏在所做的政府工作报告中提出了法律部门的划分体系，指出虽然法学理论界对于如何划分法律部门有不同的见解，但是在立法中只能根据实际需要来进行划分，划分的结果就是初步将中国特色社会主义法律体系分为七个法律部门，即宪法及宪法相关法、民法商法、行政法、经济法、社会法、刑法、诉讼与非诉讼程序法。在这份政府工作报告中，根据立法的实际，将社会法界定为调整劳动关系、社会保障关系和社会福利关系的法律。

（二）法群说

有学者不认为社会法是一个独立存在的法律部门，从它的内容来看，它只是劳动法、社会保障法等以解决劳动问题、社会问题为核心的，以保护公民权益为立法主旨的一群法律规范的统称或类称。社会法的制定是为了解决现代社会高度分工产生的一系列问题而制定的有关各种社会法规的总称，“用以保护某些特别需要扶助人群的经济生活安全或是用来促进社会大众的整体福利。”[1]

（三）法域说

有学者提出社会法是国家为了保障社会公众普遍的利益，通过一系列的立法加强对社会生活干预而形成的法域。在现代社会中，随着市民社会与政治国家的相互渗透、相互交融，使得某些私人利益受到普遍的社会公共利益的约束从而服从社会利益。表现为私法与公法的相互交错，出现了作为中间领域的，兼具私法和公法特征的社会法。如果我们把“以国家本位为特征的公法看作第一法域，以个人本位为特征的私法看作第二法域，那么公私法交融下产生的，以社会本位为

[1] 姜帆.社会法的源与流[D].吉林大学,2007,2-5.

特征的社会法则是第三法域[1]。”

不同于以上理论的是，也有一些学者认为无法对社会法下一个明确的定义，或者说我们没有必要去深究社会法概念的准确性。我们可以通过其历史脉络、特征及与其相关的事务或概念的联系和区别，来达到对这一法学概念的准确理解。本研究中的社会法是定位于“法域”的社会法。社会法是指在公私法相融合的过程中产生的，以追求社会利益为本位，使用公法与私法结合的调整方法，产生的对社会整体利益进行福利性、政策性平衡的独立法域，是公法与私法之外的第三法域。

二、社会权是社会发展到一定阶段的必然产物

英国社会学家T.H.马歇尔最早在理论的层面上对社会权的概念进行了深入研究。他从权利社会学的角度研究了社会权的概念，在马歇尔看来，公民权的演化经过了三个历史阶段，分别是基本民权阶段、政治权阶段和社会权阶段。其中，社会权是一种要求获得实际收入的普遍权利，是一种“去商品化”的权利。在一个不平等的阶级社会里，阶级体系和社会秩序要得以维持，则必须使社会权的确立成为一个牢固的事实。社会权所确立的这种不平等促使社会差异本身转化为发展的动力[2]。马歇尔从公民资格理论的高度提出了社会权的概念，也就是将社会权的地位提高到与公民权利、政治权利并列的高度。这种对社会权的概念、本质、功能的研究对现代学者产生了深远的影响。其实早在1919年，人的尊严观就已载入《魏玛宪法》，社会权在1996年被载入《国际人权公约》。2009年11月生效的《里斯本条约》则进一步丰富和发展了社会权的内容[3]。

一般认为，社会权是公民个人在一定社会关系中和历史条件下所应当享有的、能够体现人的尊严和价值的基本生存物质条件。它的内容主要包括劳动权、社会保障权、教育权、环境权等[4]。

社会权和社会法现象的出现是人权理念发展到一定历史阶段后的必然产物。社会权的制度化是一种社会权价值理念逐渐注入社会法规范的过程，体现了人在国家和社会生活中的主体性地位。社会权实现的重点在于保障社会弱势群体的基本生存权利，能够使得社会中的人最大限度地获得生存和发展的机会。当然权

[1] 董保华.社会法原论[M].北京:中国政法大学出版社,2001:11.

[2] Thomas H. Marshall: Class, Citizenship, and Social Development, Greenwood Press, Westport, 1973：8.

[3] 郭文姝.《里斯本条约》的生效对欧盟各国社会权发展的影响[J].法学杂志,2010,(4):139-148.

[4] 李炳安,汤鹏.论社会法的产生[J].法学杂志,2013,(6):36-44.

利永远不能超出社会的经济结构及由此经济结构所制约的社会文化的发展的承受力。社会权的产生是一种由生产力所决定的社会结构内生的关系特质，这决定了它具有客观性。

19世纪末，人类依靠工业革命进入社会化大生产以后，工业化带来的社会生产方式与生活方式的巨大变化，使得千百年来依靠土地和血亲家庭获得生存安全保障的基础不复存在，社会性生存的权利于是开始被认同和获得法律保障，社会法才慢慢地得到发展壮大。社会法的产生和发展过程就是顺应社会权保障水平的要求，从而进行不断立法的过程，是实现社会正义的工具。可见，社会法不是人为创造的，而是顺应社会历史发展的规律逐渐形成的。

很多学者都认为消费者、中小企业、非垄断企业等都属于弱势群体，这样的观点导致了社会权享有者进一步增多。虽然消费者作为一类弱势群体是客观存在的，但消费者的弱势与社会法里的弱势却是不尽相同的，他们都各自有产生的背景。消费者的“弱”不是指经济上的弱，购买高档家具的消费者就是很好的例证。此时消费者的弱主要是指对产品的了解、识别上的弱，而商家会利用自己在产品生产、质量等方面的信息优势来欺诈、欺骗消费者。任何公民都有可能成为现实中或潜在的消费者，虽然有的消费者很可能拥有雄厚的财力，是经济地位上的强者，但这种强势不同于商家所拥有的强势。因此，我们说社会法中的弱者是由于社会分工导致的生存能力不足而产生的，我们只有用不同的救济方法才可以实现公平的救济。具体来说，对消费者的救济是通过民法中的赔偿机制来使其受损的权益达到圆满的状态，这并不是社会法所关注的内容。社会法要通过规范行政机关的给付行为和社会救助来达到对弱势公民的救济。消费者权利本来就是享有民法主体资格的自然人理所当然的权利，对消费者的救济可以通过消费合同制度、产品责任制度（特别侵权行为）等民事责任制度得到表达和实现。所以它无需也无法纳入社会法并通过社会法予以保障。至于将中小企业、非垄断企业等市场主体作为社会法上的弱势群体，显然是不妥当的。

德国于1975年制定了世界上第一部《社会法典》，将前述的许多内容规定在这部法律之中。它的目的是实现社会公平和社会安全，内容主要有社会救助和教育救助在内的社会给付的法律，基本任务是分散人民在社会经济生活中的社会风险所造成的损失。主要针对老年、生育、疾病、失业、工伤和生活贫困等社会风险提供社会安全保障，主要内容包括社会保险制度、社会补偿、福利制度与社会救助制度，所有这些大大增加了公民在风险社会中抵御风险的能力，有力地维护了社会的稳定与安全。鉴于此，有中国学者认为：“社会法即以社会安全法为主轴展开的，但凡社会保险法、社会救助法、社会福利法、职业培训法、就业服务法、职业训练法等均属社会法研究之范畴[1]。”

20世纪80年代以后，中国进入改革开放的经济快速发展时期，相应的社会经济制度也进入了市场经济时期，制定了与国外法律相类似，甚至一致的社会法体系。形成了以社会利益为本位的一种新型社会调节机制，主要包括五个方面：①社会公共干预措施，包括指导、规划、劝告、强制；②社会促进措施，包括公益事业捐赠、教育促进、卫生促进、就业促进等；③社会保障措施，包括社会保险、社会救济等各类最低生活保障措施；④社会交涉措施，包括弱势群体的结社及与强势主体的群体交涉，如劳动调解和仲裁法、信访法等；⑤社会自治措施，包括各类结社所形成的团体指导和内部自律[2]。依托于这些社会法的立法，2000年以后，中国学者对社会法体系作了相关的研究，并做出大量的阐释[3]，社会法的概念逐渐得到认可。

第一代社会法是在劳资严重对立的自由资本主义时期产生的，这时期的资本家可以对工人进行无限制的剥削，结果造成了极端对立的阶级矛盾，劳工生存与劳动力资源均受到了严重威胁。如何保障工人的生存成为社会需要解决的主要问题。此时社会法的主要成果是对工厂制度进行立法和承认工会的合法化。这样既保证了弱势群体的生存，也保存了国家和社会人力资源。但是在社会法保护主体的范围上，只有部分社会成员，即那些社会法意义上的弱者成为保护对象，因此这不是完全意义的社会权利法。

第二代社会法从国内法的保护转向了国际法上各个国家的共同保护，主要表现为从各国单独对劳资关系干预以实现社会保护，走向通过签订国际条约，实现国与国之间的相互合作和相互制约。第二代社会法在反思第一代社会法的成功与不足的基础上，在国内法与国际法两个方向上都致力于确认和保障实施“第二代人权”。此时的社会法义务主体不再局限于国家，企业和其他社会组织都成为第二代人权观念下社会法的主体。

第三代社会法形成于新自由主义盛行时期，是将生产性、生产主义作为生产性因素并视为与社会保护职能同等重要的社会政策。国家因此获得了更为强大的权力，可以实施对市场经济的干预，其对市场利益的分配职能获得了正当性和绩效，形成了混合性的市场经济体制。其突出成就和绩效表现为把市场化与资本结

[1] 汤黎虹.社会法的生成与体系定位[J].温州大学学报（社会科学版）,2013,26(4):3-12.

[2] 董保华.社会法原论[M].北京:中国政法大学出版社,2001:10.

[3] 程信和.关于社会法问题：兼论开展人口法研究[J].南方人口,1996,(3):42-44.

合的力量全面有效地嵌入到多边性、多重性的必要约束之中。使其受制于国内社会法、主权国家、国内社会力量，从而承担法律义务、道德义务和社会责任。

三、社会法的核心范畴

第二次世界大战后西方国家资本主义经济快速发展，福利国家的概念逐渐兴起导致现代化的社会理念发生了巨大的变革。实践的需要导致了理论研究的热潮，一批走在理论前沿的西方法学家们明确提出了“社会法”的概念，并指出可以从广义和狭义两个角度对社会法的概念加以理解。广义上，社会法是指为了解决那些社会性问题而制定的各种相关社会法律法规的总称，是把国家既定的社会政策通过立法的方式转换为法律，用来保障那些特别需要帮助的弱势群体的生存或用来促进普通社会大众的福利。狭义上，社会法通常专指社会保障法。由此可见，当时的社会法既是立法学意义上的概念，也是部门法意义上的概念，这种理论传统在今后的研究中也得到了延传。

然而学术界对于社会法的核心范畴仍然争论不休，没有一个统一的定论。从西方国家各个学者对于社会法的定位来看，社会法并不是一个能够被普遍接受的概念。德国的社会法是一个独立的法域，其实质就等于社会安全法；因为在理论界和实务界，更多的是使用社会安全法的概念而不是使用社会法的概念。法国的社会法范围比较广泛，只要是有关公共秩序、公共利益、劳动关系及经济安全障碍的法律都可以称为社会法，但是传统公法学所界定的研究范围则不属于社会法。日本的社会法包含的范围要比德国广泛得多。日本学者对社会法的概念已形成了共识，他们一般主张将法律体系划分为公法、私法和社会法三个主要部分。英国的社会立法则被认为是对具有普遍社会意义的立法的总称，例如，在教育、居住、租金的控制和健康福利设施，以及其他社会保障方面的立法，都可以被称作社会立法。美国的社会法主要解决两个方面的问题：首先，为了解决各种社会问题，例如为保护经济弱者而制定的各种社会安全立法；其次，还包括预防社会问题、促进社会一般福利、改善大众生活状况而制定的有关法律。国内的学者提出社会法的价值是以追求社会的实质公平与正义为导向，通过加大对社会产品向弱势群体倾斜，但又不过分损害优势群体收益的再分配的方式，激发社会生产经营和劳动的积极性，以达到社会和谐的整体目的[1]。

本研究在探求作为法域的社会法的根源与流变的理论问题时，潜藏着一条逻

---

[1]吕世伦,马金芳.社会法的几个基本理论问题研究[J].北方法学,2007,1(6):5-16.

辑线索，即社会法在社会历史进程中存在着客观的角色转换，是一条从法律规范转变为法群再转变为法域的研究进路。本研究论述和探讨的是社会法法律规范产生的根源追溯，解析的是代表性国家的社会法从法律规范到法群再到法域的形成和变化。当前我们对社会法理论的研究正在逐步走向成熟，在实践中所能发挥的作用也将越来越重要，虽然其走向完全的成熟还需要一定的时间，但我们仍要对其充满信心。

社会法中社会权实现的一个重要特点是义务先行，社会权的权利享有者能否切实实现权利需要依赖于义务承担者是否能够实际履行职责。因此，社会法上的权利主体是在实现基本生存权时遇到困难者，需要社会法确认的义务主体能实际履行自己的职责来帮助其摆脱生存的困扰。就是说，社会法上的权利主体的脱困与否要靠法定义务主体能否承担义务、履行职责来实现。在这一点上，社会法与行政法和经济法有着很大的区别。行政法是围绕如何控制行政权的规范行使从而保证公民的权利不受侵犯而立法，经济法则是围绕限定权的规范（限定经营权的职权或称调控权）而立法，社会法则围绕社会义务实际履行（社会援救、社会促进、社会维权）而立法。行政法上的行政责任伴随着行政权力的产生而产生，无权即无责；经济法上的限权责任与限定权却是分开的，因为限定权的行使与限定权责任的承担并不在同一时间和空间上；社会法上的社会义务也不必依附于行政权的行使，法律设定社会义务履行的许多场合都是独立的。如果政府没有履行或者履行不符合社会法的义务要求，导致了基本生存权救济缺失的后果，则政府要被追究责任。

社会法因其调整对象、运作方法、价值取向的特殊性，获得了类群、部门、法域等不同意义层面上的相对独立性。但其学科研究水平的成熟度比较低，对于部门法哲学或法理学的问题意识和学术自觉比较缺乏，特别是关于社会法形而上层面的理论探讨较少，而且都是浅尝辄止。

造成这种现象的主要原因是：①因为近现代市场经济迅猛发展导致了社会发生巨大变迁，并由此产生了诸多的社会问题。而这需要新的法律类群、部门或法域对之加以调整，所以其演化的最终模式远未定型，也不会终结；因此社会法是核心明确而边界模糊，内涵相对清晰而体系相对开放的法律系统，它充满了矛盾而又不断发展。②社会法的核心问题是因市场化运作而产生的经济问题、社会问题。这些问题与生产关系、社会分配、社会分层与流动、社会伦理、政治哲学等密切相关。因为社会法在知识上与思想上的自足性较低，必须向哲学、伦理学、经济学、社会学、政治学、管理学等学科充分开放，实现多学科的融会贯通，才能满足该学科得以产生、立足和发展的条件。

通过以上的分析和论证，笔者认为在当今的社会制度下，国内外形成了相对一致的社会法律体系，概括起来包括三个方面：①社会福利型，具体表现为社会保险、弱势群体权益保护、农村居民最低生活保障等法律体系；②劳动维权型，具体表现是劳动调解和仲裁、工会维权、信访等维权制度；③社会促进型，具体表现在就业促进、教育事业促进、卫生事业促进、体育事业促进、公益事业促进等行业领域。

总之，社会法正是通过各种不同的方式协调各个社会群体利益关系，以实现社会公共利益最大化。例如，为了协调社会整体利益，国家利用属于经济法领域的宏观调控法来对国家的整体经济关系进行调整，具体来说就是通过货币政策、金融关系，以及利用财政政策调整企业与国家的关系等多种经济手段实现对宏观经济的有效调控，达到社会整体的物价稳定、经济稳定及国民收入的可持续增长。社会法对劳动领域的干预表现在设置用人单位、劳动者及政府共同参与的机制来对他们之间的利益冲突进行协调。社会法不仅解决他们之间的冲突，还规定了他们之间的合作，表现在国家通过用人单位、社会成员及政府共同合作的方式来保障社会成员的生老病死。通过社会保险的方式来分散他们可能遇到的风险，促进社会的和谐稳定。

体育作为一种很普遍的社会现象，成为人们生活的一个重要组成部分，在体育活动过程中，难免会发生一些冲突和矛盾。因此，体育法解决的主要是社会问题，形成社会促进型的社会自治措施，社会法所涉及的领域应该包括体育法的内容，能够成为体育法学研究的理论基础。

第二节 法律原则理论

对法律原则理论的分析，我们主要考察西方法学家奥斯丁、哈特、庞德、德沃金、阿列克西等人的观点。英国法学家约翰·奥斯丁（John Austin，1790—1859）试图分析出一切法体系中皆普遍共有的原则、概念及特性，而不问世上不同法体系所个别拥有的特色。他用“命令”“制裁”“最高主权者”三个概念来构建“法律”的大厦，核心观点就是法律是最高主权者以制裁为后盾所下达的命令。新分析法学派创始人英国著名法理学家哈特（H.L.A. Hart, 1907—1992）批判了奥斯丁的“法律命令说”，认为用“命令”这一概念来阐述法律是不准确的。

因为有许多命令都不是法律，他认为法律应该是“初级规则”与“次级规则”相结合的体系[1]。在哈特之后，不管是社会法学派，还是自然法学派的很多西方法学家都从规则的角度来分析和解释法律。最早将法与原则联系起来的是美国著名法学家罗斯科·庞德（Roscoe Pound，1870—1964），他认为：“原则是法律构成的必要因素，当判决缺乏可以适用的规则时，可以借助于原则的适用来推导出裁决的依据[2]。”继庞德之后，美国著名法学家罗纳德·德沃金（Ronald Myles Dworkin，1931—2013）重新审视法律原则的存在，对以哈特为代表的法实证主义进行了批判，明确提出原则与规则的区别与联系，那些看似没有被“规则”所规范到的案件，其实皆已被“原则”所覆盖到了，因此德沃金认为法律包括法律原则和法律规则。德国著名法学家罗伯特·阿列克西（Robert Alexy，1945— ）在继承前人的观点后，提出更为深刻的理论，即法律原则和法律规则的区分不仅仅是一个程度问题，更是一个质的（qualitative）问题[3]。我国的很多法学家也对法律原则与规则提出了自己的观点，最具代表性的是张文显教授把复杂的法现象归结为几个核心的概念：规则、原则、概念，这几个核心概念称为“法的模式”。他认为：中国的法应当以规则为主，原则可以作为规则的补充。法律则必须要保持法律规则的连续性和稳定性，法律概念本身必须具有精确、规范、统一的特点[4]。

一、自然法学派观点

自然法学派的各种学说各有侧重，但都共同体现着自然法观念的思维形式，注重法律的某种应然性，强调法本身就是一个价值系统，研究法存在的根源，追求法应达到的理想境界，认为法律的发展应当遵循一定的价值原则并体现一定的价值要求，极为重视法的合理性和道德性，因此他们的观点也称为价值论学说。

就德沃金的观点而言，法律原则就是法律。法官面对疑难案件找不到适用的规则时，并不意味着法官就无法可依，并不意味着法官就可以造法，并不意味着疑难案件就没有唯一的正解。法官应该从过去已经存在的一切此类案件的判例中发掘原则作为判案的依据。原则是代表法制传统所一贯坚守的并持之以恒实践的

---

[1] 林立.法学方法论与德沃金[M].北京:中国政法大学出版社,2002:279-287.

[2] 罗斯科·庞德.通过法律的社会控制[M].沈宗灵,董世忠,译.北京:商务印书馆,1984:99.

[3] 王夏昊.法律规则与法律原则的抵触之解决——以阿列克西的理论为线索[D].北京:中国政法大学,2007:4-50.

[4] 张文显.规则·原则·概念——论法的模式[J].现代法学,1989,(3):27-30.

道德价值。此道德价值早已被制度化，隐含在实证法律体系之中，因而就具有了法律身份。

如何保障法官所发现的原则确实是法律中所隐含并秉持的法律原则而非法官个人信仰或恣意的结果呢？德沃金坚持一种内在参与者的视角和建构性诠释的整体法进路，并从方法论上提出了两个先后承接的检测标准：适切性与道德证立性。前者是一个初步的检测标准，要求以所提出的原则去解释已经做出的判例，或者说是对法律某些部分的解释。如果存在两个符合适切性标准的解释，则要进一步采用第二个标准筛选。第二个标准就是从道德证立面整体考量一切合格的法律解释，从中选择能够使整体社会制度与决策结构展现最佳政治道德观点的解释[1]。这里该如何理解最佳政治道德观点呢，庄世同先生对此作了准确的解释："整全法的主体是法律原则，并非实证法规；法律的概念是在其背后支持整体性法律社群、落实自由平等原则的政治道德信念，并不是经由法律史料堆积而成的明显事实概念。因此，唯有符合整全法所蕴含之平等理念的原则，方为有效的法规范，反之则不然[2]。"

德沃金针对以哈特为代表的法分析实证主义解决疑难案件的理论缺陷，提出了自己的解决方案，即法律原则理论。法律原则理论认为法律不是由制定的法律规则组成的，而是将一般性的道德原则糅合到法律之中，而且认为这些原则既是行动的理由，又是可证成的命题。这些道德原则是立法者所承认的，因为法律规则是立法者通过对这些原则进行反复的权衡与考量后选择的一种结果。疑难案件是通过对这些原则进行衡量和平衡而予以解决的[3]。如何对原则进行衡量和平衡，就是本研究的主题之一，在此不再赘述。与其他的法学流派的解决疑难案件的理论相比，法律原则理论更符合法治对法律适用或做法律决定或司法裁判的要求。原因在于，该理论主张法律原则是一种法律规范，因此，适用法律原则解决疑难案件就符合上述的第二个要求，即法院或其他裁判机关有义务适用法律规范证成或支持自己的法律决定；而且与现代国家的权力分立原理相一致，因为法律适用者适用的是立法者承认的既存的法律规范，即法律原则。另外，既然法律原则与道德原则是相通的[4]，那么，通过对法律原则的衡量和平衡解决疑难案件所

[1] 罗纳德·德沃金.法律帝国[M].李常青,译.北京:中国大百科全书出版社,1996:227.

[2] 庄世同.论法律原则的地位——为消极的法律原则理论而辩[J].辅仁法学,2002,24:33 –52.

[3] Peczenik: Jumps and Logic in the Law, in Logical Models of Legal Argumentation Edited by Henry Prakken, Kluwer Academic Publishers ,1997：298.

[4] Robert Alexy: A Theory of Constitutional Rights, trans. Julian Rivers, Oxford University Press,2002：96–107.

获得的法律决定，也就在最大限度上实现了法律决定的可接受性；也就是说它符合上述的第三个要求，即法院或其他裁判机关必须运用特殊的法学方法使法律规范和实质价值或道德要求相协调。法律原则理论的上述优点，使得当今大多数法学理论家都接受了它作为法律论证的工具。

因为每个部门法都有自己所要处理的独有的一定范围内的社会事务，所以除了享有法的共同原则之外，都有它自己的特有原则，各部门法的基本原则是各部门法本质的抽象和体现。有的部门法在立法时就比较明确地确立了本法的基本原则，也有许多法并没有单独确立基本原则条款。对没明确制定基本原则条款的部门法，往往引起对该法基本原则认识上的争论，甚至有的对已经明确制定了基本原则的部门法的看法也不尽一致。

德沃金认为原则本来就在法体系中存在，立法权威与司法权威对这一认识都没有异议。司法权威只是把原本就存在的原则通过裁判的方式公布出来，利用原则作为裁判依据的最佳解释，确保司法权利得到维护，在此基础上保全司法的整全性。因此，这是符合法治精神的，同时这也是反驳法实证主义的一个重要理论基点。但是作者认为在高度法典化的大陆法系，法律原则的规范性问题来源于司法权威所产生的公信力。隐含于法体系的法律原则是隐性的，大多没有经过立法权威认可，所以隐性法律原则的确立应该由司法权威而不是立法权威来完成。如后文所述，前者将比后者更胜任这一工作。而在大陆法系，特别是在中国当下的法治语境之中谈论法律原则，司法权威要胜任这一工作，除了自身的公信力问题之外，首先面临的就是司法权威与立法权威的权限边界问题。在这样的背景下，主张一种循环的而非线性的民主观对我们是有益的[1]。

利用法的基本原则这一弹性条款去调整法律具体条款所未涉及的社会关系，在司法中有着非常重要的意义。法律不可能对所有已经发生或者尚未发生的社会关系都制定出规范，但是在司法实践中，摆在司法人员面前的，往往又是法律条文所没有具体规定的一些法律事实，要求司法人员去运用法律加以解决。法的基本原则，就给了司法人员这样一种可能性，使其可以根据自己对法的基本原则精神的理解，运用基本原则去裁决。这就使司法人员在适用法律解决具体诉讼案件时，有了很大的灵活性和主动权。这种灵活性和主动权，在国外法学中，被认为是法律所赋予审判人员（法官）的一种自由裁判权。法官有了这种权力，才可以以不变应万变，才可以运用法律来调整千变万化的各种具体的社会关系。

---

[1] 杨建.法律原则的规范性研究[J].北方法学,2011,29(5):131-145.

所以法的基本原则在法律中具有非常重要的意义，它既是一个立法技术问题，又是一个司法实践问题。因此，不论立法者还是司法者，对法的基本原则问题都有深入探讨的必要。

二、分析实证主义法学派观点

对疑难案件的解决提出独特方案的最典型的法学流派就是以哈特为代表的新分析主义法学流派。哈特认为：所谓疑难案件是指法律能否在案件中得到适用是不清楚的或是有争议的，在这种情况下，法律的这种不确定性是一种合法的不确定性。法官不可能通过适用法律规范来裁决案件，而是通过行使司法自由裁量权来解决案件。当我们将特定情形归入到一般规则的操作中，语言的这个特性使得所有的规则都有一个模糊的边缘或开放结构，而且没有任何东西可以剔除语言的这个双重性质。这个开放结构必然造成法律具有不确定性，法官在这种情形中行使自由裁量权。所谓的自由裁量权并不是指法官自己意志的随意体现，而是要对他的判决进行论证和说明，只不过在这里法官依据的不是所谓的法律，而是依据法律之外的东西来判决。但是，哈特又特别强调法律以外的东西不是指道德，而主要是指社会目标或社会效果[1]。

总之，哈特解决疑难案件的方案是依赖于法律之外或超法律的标准，这些标准不是道德而是社会目标或社会效果，而且法官行使的不是纯粹的司法权，而是具有立法性质的权力。这样，这种解决方案不仅与我们上述的法治对做法律决定的要求相背离，而且与现代国家权力分立的原理相背离。虽然以哈特为代表的法实证主义通过强调法律是由法律规则组成的而强调法律的可预测性；但是，在疑难案件的领域，即法律规则不能决定案件的裁判的情形中，法实证主义的理论导致了更大程度的法律的不确定性（狭义）。这就产生了法实证主义理论的一个矛盾：强调法律的确定性（狭义），因此强调法律规则，同时承认法律规则是不完整的，而在法律规则不完整的情形中，法律具有不确定性，而且是一种合法的不确定性。我们认为，在实质上，以哈特为代表的法实证主义与前述的各种法学理论一样，不愿意正视法律中存在价值判断，只想从法律中剔除价值判断，从而最大限度地保证法律的可预测性。也就是说，他们没有从认识论的角度考虑，怎样尽可能地限制价值判断的主观性。但是，问题在于，他们不能从关于他们的理论

[1] Hart: Positivism and the Separation of Law and Moral，In，Jules L · Coleman (ed), Reading in the Philosophy of Law, Garland Publishing,1999：41.

的认识论问题中逃跑[1]。

分析实证主义法学派基本上认同了传统的分析法学理论与法律和道德的关系，他们着重对实在法进行逻辑分析而不从应然的层面上进行价值判断，否认价值和道德的必然联系。凯尔森认为，价值判断是主观的、相对的、非理性的，自然法学中的绝对正义是一种意识形态。因此，正义应当建立在与价值无关的纯粹研究法律结构的法律规范的基础上，是一种“合法性的正义”，即所谓的“纯粹法学”。哈特以奥斯丁的分析实证法学作为重要的理论渊源，主张法律与道德有联系但“并无必然联系”，将法律效力和法律道德性的联系区分开来。分析实证主义法学把我们从自然法学家构建的法律“理想国”中拉回到实证的现实世界，在对法律形式的逻辑分析上运用了更多的新的方法，继承了传统分析法学对实证法的重视和研究，也吸收采纳了其他法学流派的合理成分。实证主义法学派反对在法学研究中运用价值分析的方法，他们担心法哲学研究中的价值分析必然导致法律的主观性、片面性、非实证性，从而影响法哲学研究的科学性。

三、社会法学派观点

将法律作为社会事物研究的历史可以追溯到古希腊的思想家那里。“在西方法律思想史上一直以来都有一个很好的传统，那就是将法学研究一直放在社会的大背景下进行理解。从柏拉图的《理想国》到亚里士多德的社会观念，从中世纪的阿奎那到启蒙学者对人和社会的本质看法，所有这些研究都包含着丰富的社会学因素[2]。”但形成系统的并有自己学术范式的法社会学学科体系却是19世纪以后的事情。

美国社会法学创始人庞德认为，法学家首先应该干的事情是在现实的利益冲突中找到一种合理的选择。因为，在法律现实中，存在依据法律的据法司法（司法性），也有依据意志和直觉进行自由裁量的无法司法（行政性），这两种形式的因素在任何法律的司法裁判中都可以被发现。所以今后的问题是在司法裁判中如何实现司法和行政因素之间的有效平衡[3]。

奥地利法学家埃利希（1862—1922）在1913年出版了《法社会学的基础理论》一书，提出以往的法学研究仅仅以成文的法律作为研究对象，形成了解释或

[1] Peczenik: The Passion for Reason, In, Luc J · Wintgens (ed), The Law in Philosophical Perspectives,Dordrecht Cluwer A Cademic Publisher1999:176.

[2] 罗杰・科特威尔.法律社会学导论[M].潘大松,等,译.北京:华夏出版社,1989:2.

[3] E.博登海默.法理学——法律哲学与法律方法[M].邓正来,译.北京:中国政法大学出版社,2004:155.

注释法学。而法社会学要研究和直接观察的是诸如判例、习惯、民间规范等“活法”，其目的在于摆脱以前那种与实际严重脱离的研究范式[1]。

美国很多关于法律原则的理解与运用是基于本国的司法实践而得来的。因为像美国这样的判例法国家，大多确立了司法审查制度，赋予了法官拥有解释法律的巨大权力，法官造法被普遍接受并且具有司法裁判的效力[2]。我们国家的司法制度安排却与此大相径庭，这也就解释了为什么在我们拥有与其不同，并处在不断渐进发展中的政治文明的情况下，经典原则理论中那些理所当然、普遍接受的通论在我们这些研习者看来却备感困惑。而在这种背景、立场下的矛盾还会因为我们心中的中国特色的理念而加剧。

中国法律语境下的法律原则，在法律文明初始时期就出现了雏形。直到近年来，国内学术界关于法律原则问题的研究才逐步发展壮大起来。法律原则形成的基本理论，以及如何在司法实践中适用法律原则问题成了学者们讨论的焦点，在热烈的讨论环境下形成了丰富的学术成果。然而在法律原则的规范性地位上，学者们产生了不同的观点，有的认为法律原则与法律规则都是法律规范的构成要素。这必然导致在逻辑上把法律原则与法律规范画出一条明晰的界限，从而导致法律原则难以在司法实践中得到适用。如果法律原则没有司法适用的价值，则其研究的意义也就无从谈起，这因此导致了我们大陆学者对法律原则研究的冷淡[3]。与此同时我们也注意到，近年来在司法实务中出现的诸多案例显示：法律原则从理论探讨层面逐步走向了实务。但在一些案件中，法官在适用法律原则裁判案件的时候并没有取得想象中的良好社会效果，有的判例甚至成了全国质疑和非议的焦点。

换句话说，以往法学理论界的研究，由于存在不合实际的缺陷，至今没能提出有效的解决办法，而法律实务界也没有找到法律原则适用的恰当方法和实现的良好路径[4]。我国大陆地区已有的原则论述大多局限在法律原则的司法适用部分。法律原则一般被限定理解为法律条文中所明确规定出来的原则，对于那些隐性法律原则的正当性与合法性问题鲜有关注与思考，更少提及法律原则所蕴含的

[1] 在埃利希之前，虽然有许多像龚普洛维奇、坎特罗维茨、马克思·韦伯、庞德等人的法社会学理论业绩，但作为法社会学的理论体系还比较粗犷。埃利希这一著作的问世，被称为“法社会学的正式成立”。参见：何勤华,西方法学史[M].北京:中国政法大学出版社,1996:476.

[2] 即使在大陆法系的大本营——欧洲，法官造法、法官依据原则裁判也成为常规，这已是不可逆转的趋势。

[3] 庞正,杨建.法律原则核心问题论辩[J].南京师大学报(社会科学版),2010,26(3):33 –35.

[4] 舒国滢.法律原则适用的困境——方法论视角的四个追问[J].苏州大学学报,2005,35(2):26–31.

政治哲学追问。不同价值主体和不同体育法律制度的冲突造成了体育法的价值冲突[1]，具体表现在体育法律体系中，就是规则和原则的冲突。这两者的冲突是如何发生的，两者如何区分，以及如何解决两者之间的冲突，这应该是法学理论中的一个难题。

综合国内外的学者对法律原则及体育法基本原则的论述，大家都承认和赞同法律原则的存在，并且认为法律原则和法律规则都是构成法律的不可缺少的基本要素。法律规则是需要适用的主要规范，具有确定性和明确性，法律原则是规则的补充，其适用具有衡量性。这里必须要明确的是，法律的原则并不仅仅局限于法律所规定的原则，还应该包括在法律实践中形成的基本原则。这些原则应该是规范某类具体社会关系和解决某类社会矛盾的基本准则，而不是整个法律基本精神的体现。那么法律的规则也并不是指所有法律条文都是规则，其中还包含了部分法律原则。也就是说，法律规范中的条文只有部分能够作为规则的内容成为理论研究的重点[2]。

四、法律原则与法律规则之区别

在德国，对法律规则与法律原则的区别的研究至少可以追溯到20世纪50年代法学家约瑟夫·埃塞尔（Josef Esser）的大作《原则与规范》；德国其他法学家也对该问题进行了论述，如拉伦兹和卡纳里斯从法学方法论的角度论述了外在法体系与内在法体系的区分，又如考夫曼从存在论的层面论述了法理念（包括了法原则）、法规范和裁判规范等[3]。20世纪40年代，澳大利亚的瓦尔特·威尔伯格（Walter Wilburg）在他的弹性体系理论中已预期了主要的发展。但是，我们看到这些法学家所使用的术语并不是规则和原则，而是其他的术语，如规范与原则、规范与一般条款等。我们认为原因很可能是，一方面，这些法学家没有对规范概念本身做出反省；另一方面，任何一个理论在初创之时，必然会在概念的使用方面混沌不清。美国法学家德沃金在世界范围内的法学语境中第一次明确提出规则与原则之分。他在1967年《芝加哥大学法律评论》上发表的《规则的模式》一文中，针对哈特的新分析主义法学命题的批判提出了规则和原则的区分，从而引发了英美法学术界对该问题的热烈讨论，也引起了世界范围内很多法学家对该问题的反思。在过去的几十年中，规则与原则的区分，以及包括这个区分对法教义

[1] 秦毅,陈小蓉.体育法的价值冲突研究[J].西安体育学院学报,2012,29(4):397-402.

[2] 张文显.法哲学范畴研究（修订版）[M].北京:中国政法大学出版社,2001:12.

[3] 颜厥安.法与实践理性[M].北京:中国政法大学出版社,2003:256.

学、法学方法论、法体系的概念、法和道德的关系与基本权利理论等的含义，得到了大量的、某些部分的，甚至是非常详细的研究[1]。

法律规则与法律原则共同构成了法律规范体系的要素结构。一般来说，法律原则与法律规则都具备规范的实质要件，前者更多地体现了法律的正当性问题，后者则更多地体现了法律的合法性问题，两者相互结合，法律才能最大限度地发挥调节社会秩序的功能。法律原则与规则的联系与区别主要体现在以下几个方面。

（一）两者在形态方面的联系与区别

一般认为，规则存在于制定法之中，以成文法形式明文规定；而原则存在的形式多种多样，既有制定法明确规定的原则，也有作为价值观念和思想理念的原则，又有作为法律存在之基础和本源的原则。

德沃金是首先把法律原则与法律规则的区别问题作为一个重大的理论问题提出来的，他认为这是一种质的区别而非程度或量的区别。这种区别表现在两个方面：第一，德沃金认为法律规则具有要么适用要么不适用的特点，而原则可以或多或少地适用；第二，原则具有分量的特征，而规则则没有。此外，规则可以适用的情形是有限的，即使其有例外，其全部例外都能列举出来，而原则的例外情况却是不能完全列举的。规则不能与例外共存，而原则却可以。因为原则的内容如此宽泛，以至于即使将例外列举出来，也不能使得对原则内容的表述更为准确。这个区别实际上表明了两者在确定性上存在差别：由于规则能穷尽例外，所以它具有绝对的确定性；由于原则不能穷尽例外，所以它具有很大的不确定性。

我国学者陈骏业认为，原则与规则的联系主要表现为：一方面原则为规则提供正当化理由和正当性证明，另一方面规则为原则的落实提供有力手段[2]。规则是无根的，规则不能自证其善。规则的善恶问题是一个价值评判问题，规则自身不能提供这样的评判标准。虽然规则本身也蕴含着一定的价值取向，但这一价值也是无根的，其本身的善恶也是有待评判的。那么，评判标准来自哪里？法律规则是人类制定的服务于人类生活的基本工具，因此其评判标准只能是保障人之幸福生活目的的基本道德价值，而法律原则正是这一基本道德价值在法律领域里的体现。

[1] Robert Alexy: On the Structure of Legal Principle, In: Ratio Juris.Vol.13.No.3 September2000:294.

[2] 陈骏业.行政法基本原则导论[D].苏州大学,2006:59.

（二）两者在逻辑结构方面的联系与区别

规则作为法律规范构成的基本要素之一，完全具备法律规范所规定的三个要件：假定条件、行为模式、法律后果。原则的内容比较模糊，缺乏具体的要素内容，仅仅对行为、法官裁判设定一些概括性、模糊性、抽象性的要求或标准，以此为法官的判决指示某种方向或目标。

哈特借助承认规则也不能给法律规则提供正当化理由，只是提供了鉴别法律规范与非法律规范的一个标准而已。承认规则仍然是一个规则，并不能为其他规则提供正当化理由，这是规则的无根性所命定的。法律规则的正当化理由只能来自包括法律原则在内的道德价值，因为这些价值最终根植于幸福生活的目的。哈特曾寄希望于普遍承认来确立规则，虽然这是规则得以形成的重要条件，正如双方协商达成一个契约规范一样。但是，无论如何协商都不能成为规则正当化的理由，正如契约双方会达成损害他人利益的契约规则一样，多数人一致同意达成的规范同样可能是恶的。

法律规则是法律原则落实的重要手段，法律原则的落实主要是以法律规则为中介。原因在于法律原则过于抽象且缺乏法律后果的保障，提供的仅仅是行为的总体方向，需要借助规则的具体明确性和强制性的保障；同时，这也是规则本身正当化的内在要求，这种内在要求就是原则，正如功利主义法学所认为的那样，“并不是由一切占压倒性优势的利益来确定有关的决定，而是由价值来形成一条解决利益冲突的规则”[1]。

（三）两者在确定性方面的联系与区别

由于规则具备法律规范所要求的基本要件，规则所指示的方向是明确的，行为模式是相对具体的，所产生的法律后果是确定的。只要人们严格按照法律规则的架构行事，就一定能够对自己的行为产生稳定而可靠的预期。当事人也就能够提前知道自己所得到的是肯定性评价抑或是否定性评价，以此来安排自己的行为。相对于规则，原则的具体内容、逻辑结构、法律后果等方面总存在着不确定性。不仅当事人很难依靠法律原则来对自己的行为产生将来的预期，从而规范自己的行为，甚至连法官都觉得法律原则捉摸不定，很难在具体裁判过程中准确地把握和运用。

德沃金先生的关于法律原则与法律规则之间的区别的观点，是法学术界对原

---

[1] H.科殷.法哲学[M].林荣远,译.北京:华夏出版社,2002:154.

则与规则之间区别论述最好的观点。他将其归结为两点："其一，它们的不同之处在于它们所作的指示的特点。规则的适用是以完全有效或者完全无效的方式。而原则的适用却有所不同，某一原则与其他原则和政策不一致时，我们的原则可能不具有优势，但这并不意味着它不是我们法律制度的一个原则。当我们说某一条原则是我们法律制度的原则时，它的全部含义是在相关情况下，官员们在考虑决定一种方向或另一种方向时，必须考虑这一原则。其二，原则具有规则所没有的深度，即分量和重要性的深度。当各个原则相互交叉、重叠的时候，要解决这一冲突，就必须考虑有关原则分量的强弱[1]。"

哈特在其新版《法律的概念》一书的《后记》中，则对德沃金关于规则以"全有全无"（all or nothing）方式适用的观点给予了反驳。他认为："在待决案件中，与更重要的规则竞争而落败的规则，也许会像原则一样继续存在；在另一个案件中，一旦它被判定为比其他相竞争的规则更重要，它就仍能决定该案的结果[2]。"因此，哈特认为原则与规则在此问题上的差异只是程度上的，而非根本的不同。在这一点上德沃金与哈特孰是孰非？如果哈特的观点为真，原则与规则的区别岂不只是程度上的而已？

正如上述，德沃金是在批判哈特的法实证主义的命题的过程中提出了规则与原则的区分理论的。德沃金批判的出发点是从疑难案件开始的，而不是直接从法的概念开始的。哈特认为，在疑难案件的情形下，法官不可能通过适用法律裁决案件，而是通过行使司法自由裁量权裁判案件[3]。哈特所谓的自由裁量权，并不是指法官自己意志的随意体现，而是要对他的判决进行论证和说明，只不过在这里法官依据的不是所谓的法律，而是依据法律之外的东西来判决。但是，哈特又特别强调法律以外的东西不是指道德，而主要是指社会目标或社会效果[4]。德沃金从美国的判例中证明，法官在疑难案件中适用诸如"没有人可以从他的错误中获利"这样的标准进行裁判。这些标准不同于诸如"除非一份遗嘱得到3位证人的签名，否则无效"这样的标准。前者是法律原则，后者是法律规则。两者都表明了关于特定情景中的法律义务的具体决定。它们之间的区别是逻辑上的区别。它们的不同之处在于它们所作的指示特点，规则在适用时是以完全适用或者完全

---

[1] 罗纳德・德沃金.认真对待权利[M].信春鹰,吴玉章,译.北京:中国大百科全书出版社,1998:45.

[2] 哈特.法律的概念（第2版）[M].许家馨,李冠宜,译.北京:法律出版社,2011.

[3] Brian Leiter, Objectivity in Law and Morals, Cambridge University Press2001:18.

[4] Hart: Positivism and the Separation of Law and Morals, In: Reading in the philosophy of law Edited by Jules L–Coleman, Garland Publishing Inc .1999:41.

不适用的方式。如果一条规则所要适用的事实是既定的，这条规则要么是有效的要么是无效的。如果是有效的，就必须适用该规则所提供的解决办法；如果是无效的，该规则就对裁决不起任何作用。原则没有包含使其非实施不可的条件，它只是表达了在某个方向进行论证的理由，但是不使某一特定决定成为必要。当我们说某一原则是法律原则时，它的全部含义是，在相关的情况下，法官在解决案件时必须考虑这一原则。规则和原则之间的这一区别必然导致另一区别：原则具有规则所没有的重要的维度[1]。这样德沃金就认为法官在裁决疑难案件中，并没有享有哈特所认为的自由裁量权，而是受到法律原则的约束。

（四）两者在司法适用方面的联系与区别

人们普遍认为规则是确定和明晰的，在司法裁决过程中法官适用规则时具有唯一性，规则的适用要么有效要么无效，除此之外别无选择。而原则不是以全有或全无的方式在个案中适用的，因为不同的法律原则具有不同的强度，而且这些不同强度的原则甚至冲突的原则有可能同时适用于一个案件，只不过是每个原则适用强度有所不同[2]。

因此，法官在裁决疑难案件时，还是根据既存的法律规范而不是哈特的超法律标准进行判决的。从德沃金的上述论述中我们可以看出，法律规则与法律原则的区分主要是从法的适用的角度进行的，是从参与者，尤其是法官的内在观点进行论证的。当德沃金说法律规则和法律原则的区别是逻辑上或性质上的区别，或者它们是两种不同类型的规范时，他真正意指两者处于不同的推理层面：规则是涵摄，原则是平衡或衡量。因此，一个规范可以同时是规则或原则，取决于我们从哪一个层面去思考它。如果我们从一个法律规范的形式标准去判断它是一个规则还是原则，总是不清楚的。例如，“除非一份遗嘱得到3位证人的签名，否则无效”与“没有人可以从他的错误中获利”在形式上没有什么不同[3]。

有学者进一步指出，归根到底，规则与原则之间的关系，其实就是规则的严格与自由裁量的关系。原则的出现是为了克服规则的刚性适用所带来的弊端，两者的关系究其根本就是立法机关与司法机关之间的权力分配问题。在成文法中设立原则，将人（法官）的因素引入司法裁判中，使法典由自行运转不息的动机演

[1] Dworkin: Taking Rights Seriously, Harvard University Press,1978:22-26.

[2] 迈克尔·D.贝勒斯.法律的原则——一个规范的分析[M].张文显,等,译.北京:中国大百科全书出版社,1996:12-13.

[3] Dworkin: Taking Rights Seriously, Harvard University Press,1978:27.

变为人与法典有机结合的系统[1]。正是法律原则的这种模糊性与平衡性赋予了法官司法自由裁量权，使法官能够发挥其智慧以弥补成文法刚性所带来的缺漏。法官甚至可以根据社会的道德、法律所要追求的目的，干预具体法律概念、法条、法律规范之适用，以使法律能够应对瞬息万变的现代社会。

不论是宗教神学、自然法理论，还是科学，都不能为人类提供生活的意义。前二者否定了人的主体地位与人类自身的目的性，后者本身不过是实现人类价值追求的系统化手段而已[2]。这就迫使我们从作为道德哲学的伦理学角度去探寻，因为“伦理学，作为一种为生活着想的研究，理所当然是所有为社会着想的研究的元理论。政治、法律以及一切关于社会的观点的最终根据必须由伦理学来给出”[3]。

虽然在具体行为中可能把社会当作目的，但不是生活本意性的目的，虽然生活总是需要社会这一形式，但不是为了服务于社会，恰恰相反的是社会必须服务于生活。为社会而进行社会活动是背叛生活的不幸行为。这一观点非常值得法律人重视与警醒，法律人常常沉迷于法律规则自身的构建，常常局限于法律对社会秩序的规整，以致有忘却其根本目的的危险。法律本是人类行为与活动的产物，且用于规范人的行为，这是不言自明的公理。因此，法律存在的价值必然是服务人的生活，不能设想人会构建或选择一种损害人的生活或者与人的生活无关的法律。这就意味着法律应促进和保障生活目的的实现，应符合以实现生活目的为取向之价值（具体常表现为法律原则）。如果法律人能常常忆起这一点，就不会在法律现象的汪洋大海之中迷失根本的方向，很多所谓法律与法学的难题也就不成其为难题了。正如西塞罗在两千多年前指出的：“……必须解释正义的本质，而这必须在人的本质中寻求[4]。”要真正认识法律原则的价值，我们需要法学的生活目的论转向。

古希腊时期强调的法律为近代建立了一个游戏的轮廓[5]，可见，将道德价值从法律中剥离出去的结果只能是远离了生活目的与意义。在法学理论中，法律原则问题的研究比较广泛和深入，各个法学派及著名法学家都在不同的时期，根据不同的理解提出了很多种观点和学说，虽然这些观点现在乃至将来还会继续处在

---

[1] 徐国栋.民法基本原则解释——成文法局限性之克服[M].北京:中国政法大学出版社,1992:307.

[2] 陈骏业.行政法基本原则导论[D].苏州大学,2006:52.

[3] 列奥·施特劳斯.自然权利与历史[M].彭刚,译.北京:生活·读书·新知三联书店,2003:4.

[4] 西塞罗.国家篇 法律篇[M].沈叔平,等,译.北京:商务印书馆,1999:151.

[5] 韦恩·莫里森.法理学——从古希腊到后现代[M].李桂林,等,译.武汉:武汉大学出版社,2003:257.

争论之中，但这也足以说明法律原则在法学理论中的重要性。因此，体育法作为一个部门法，必须依据和接近法学的真理性探究，体育法的原则问题研究也必须依据法律原则理论，遵循其规律，寻求其本源。

第三章 体育法基本属性之分析

随着社会历史的发展，新兴法律样式不断地涌现，传统部门法对法律划分的固有形式遭到了严重的冲击与破坏。对法律进行分门别类的研究，最早可以追溯到古罗马时期乌尔比安的公私两分法体系。中世纪以后，随着法典编纂运动的兴起，法律的形式分类出现新的动态。1804年的《法国民法典》使得部门法划分的学术研究得到实践的应用。

在此基础上，以宪法、民法、商法、刑法、民事诉讼法、刑事诉讼法六部法典为基础的“六法”体系成为大陆法系法律部门划分的模范。具体而言，宪法是一般法，旨在为整个法律体系的规范提供最基本的原则；民商法是调整平等主体之间权利义务关系的法律；刑法是通过刑事制裁的手段打击犯罪分子，从而起到保护公民的目的；诉讼法则强调通过正当法律程序限制国家公权力的运用，以此实现对公民权利的保护[1]。20世纪以来，市场经济迅猛发展，随着社会生活方式的多样化，社会上涌现出了各种前所未有的行为关系和社会现象，传统的“六法”体系模式已经不能满足实践中对法律部门的划分。教育法、环境保护法、劳动法、经济法、知识产权法等法律规范冲击并修正了传统法律部门的划分。体育法作为新兴法律部门，其出现和存在是一个客观的历史现象。正如“六法”体系模式突破并发展了公法、私法的二元结构那样，体育法的出现也是对传统法律部门的扩充和完善[2]。

有的学者将体育法归为行政法，直接称之为体育行政法[3]。行政法主要是确

---

[1] 朱景文,韩大元.中国特色社会主义法律体系研究报告[M].北京:中国人民大学出版社,2010:7.

[2] 唐勇.体育法概念的甄别[J].体育科学,2013,33,(3):13–18.

[3] 宋剑英.体育行政法新论[M].北京:中国政法大学出版社,2010:1–12.

立行政法主体组织、行为、程序等内容的法律，以隶属关系为基础，是典型的公法。此外，行政法还调整行政主体与行政受体之间的关系，该社会关系的内容可能涉及社会经济、文化、科技、卫生、体育、艺术各领域。行政法调整的是行政管理关系，这种管理关系也是以隶属为前提。没有隶属关系就不存在管理。行政法的理念是实现社会秩序与均衡，并没有体现国家倾向于保护弱者的初衷。

第一节 体育活动的特征决定了体育法的内容

要想研究体育法的本质属性，首先必须对体育的本质做深入研究，然而几百年来对于体育的本质问题，国内外的学者一直没有达成一致的意见。对体育进行专门的研究距今也有两百多年的历史了，从法国的思想家卢梭开始，社会上纷纷涌现出一大批学者对体育进行研究。卢梭在其著作《爱弥儿》中首次提出体育的概念，以后的学者也纷纷加入了对体育本质的研究，中西方的学者们纷纷从不同的视角和基点对体育本质做了深刻的阐述。例如：美国学者麦克乐、威廉姆斯从体育个人属性出发，认为体育的本质是促进每个公民的身体健康；而勃郎纳尔和马特维耶夫从体育的社会属性出发，认为体育的本质是可以促进人的社会化[1]。我国的学者也对体育的本质提出了不同的见解，有的学者认为体育的本质是以增强体质为本，有的则认为是以体育为本，还有的认为是以社会文化现象为根本属性、以身体活动为根本表现形态的体育本质的单质论，以及有更多的学者综合上述论点提出了体育本质的多质论[2]。这里引用圣·奥古斯丁关于时间的著名说法来比喻说明给体育下定义的困难："什么是时间？若无人问我，我便知道；若要我向询问者解释，我便不知道[3]。"所以，我们暂且不纠结于体育的概念。体育由人的需要而产生，这种需要表现在人类发展的不同时期，当每个人的需要汇集在一起时就成了社会需要。这也正是东西方体育发展的殊途同归，最终走向社会性的统一[4]。体育的本质是走向社会性，这为我们的体育法研究提供了基础和保障，体育活动特征原则决定了体育法的内容。因此，本研究先来分析一下体育活动的特征。

[1] 袁海强,江亮.中西方体育本质发展的逻辑辨析[J].体育与科学,2014,35(2):109-112.

[2] 刘媛媛.身体·感性·自由——体育本质新诠释[J].体育科学,2007,27(11):70-73.

[3] 哈特.法律的概念（第1版）[M].许家馨,李冠宜,译.北京:中国大百科全书出版社,1996:15.

[4] 袁海强,江亮.中西方体育本质发展的逻辑辨析[J].体育与科学,2014,35(2):109-112.

一、大众参与主动性

体育在现代社会中是一种非常重要的社会活动，在国家和公民社会生活中占有重要位置。大众主动参与体育休闲健身活动成为现代社会的一种时尚，也是不断满足人的需要的过程。《体育法》第2条第二款规定：“体育工作坚持以开展全民健身活动为基础，实行普及与提高相结合，促进各类体育协调发展。”国家鼓励和支持大众体育发展，提高群众参与的积极性和主动性。

现代大众传媒的高度发达使得体育的全球化传播变得具有现实性，引导着大众健康、健美、健身的个体需求，有力地促进了大众体育的迅速发展。大众体育是人们在工作学习、生产劳动、饮食睡眠、家务劳作之余，可以自由支配的时间里从事的一种活动。这种活动不带有任何的强制性，自愿参加，活动内容自选，不同年龄、性别、职业、爱好的人在一定条件下都可以在社会体育活动中找到适合自己的位置。根据统计，我国目前约有40%的市民经常参加体育活动，其中80%的市民每次健身锻炼的时间超过半小时，这说明了体育健身活动的全民性与主动性。

二、比赛竞争公平性

体育所具有的吸引人之处就在于公平竞争，尤其是竞技体育更是公平竞争和规范竞争的典范。体育的竞争具有不确定性，这是体育区别于其他文化活动的独特魅力所在，也是体育的吸引力与核心所在。

公正是竞技体育的核心价值。众所周知，竞技体育是一项具有高度竞争性的活动，在体育中运动员以“更高、更快、更强”的理念发挥个人潜能，挑战自身，挑战对手，挑战人类极限，从而实现人类能力的不断突破。但是这种突破需要一个公平的体育环境，规则和处罚就是对这种公平环境的保护所必需的要素。因此，公平是比赛的前提条件，若比赛双方处于不对等的条件，则竞技体育将无法进行。

不仅如此，竞技体育的过程还体现了现实生活中人们无法达到的理想的平等境况，在这种境况下运动员才能发挥各自最大的能力，展示才华，因此才会如此吸引人们去关注它。所以人们对这一领域的公正才有如此严格的要求，这是其本身所必然要满足的条件，只有对不公正的行为如此不容忍，才可以防止其魅力的消失。更进一步来说，只有公正，只有严格遵守体育规则，才能为消费者带来精彩的比赛，给观众以心灵的愉悦和美的享受。如果对体育中操纵比赛、滥用暴力等不当行为姑息迁就，体育就丧失了它的公正性，就成为对观赏者的欺骗，最终将会失去消费者和市场，失去其存在的生命力。

三、赛事规则制约性

体育在所有的人类活动中无疑是规则最多的，任何一种游戏都有其自身的规则，否则就会无法无天，失去秩序，游戏也无法继续下去，难以为人们所欣赏。有学者指出：游戏相当重要的特征之一是它能创造一种秩序，游戏要求的秩序是完全而又超然的，哪怕微小的偏离都会失去其本来的魅力，进而剥去游戏的特点，使之乏味。因此体育比赛有其严肃性的一面，任何一方（包括裁判员）都要完全地遵守规则，否则体育比赛的价值就会荡然无存。

赛事规则是保证比赛能够公平的法律文件，它是以“法律面前人人平等”的基本原则为基础制定的。竞赛规则的核心是对等，不承认身体、心理、技术以外的任何不平等，也就是它只关注人本身的身体与心理的对等与否，而不关注其他外在的东西。在竞赛中，竞赛规则是纪律处罚的依据，必须完全地得到适用。很难再找出一个行业可以像竞技体育领域有那么多的规则，并且伴随着那么多打破规则而导致的处罚。因此，处罚是竞技体育非常值得重视的问题。

值得一提的是，体育规则容忍甚至赞许了许多在社会生活中属于违法的行为，例如拳击比赛这一伤害人身体的行为，是体育所允许的行为。竞技比赛中的伤害是为体育规则所允许的。如果是由于犯规所造成的，一般处以赛场犯规处罚，对于特别严重的犯规会处以罚款、停止比赛，对最严重者也仅有终身禁赛的处罚[1]。而在普通的社会生活中，对于人体造成的伤害要被处以严厉的处罚，甚至是剥夺人身自由的刑罚。

四、体育过程即时性

“延误是衡平法的大敌”“迟来的正义不是正义”等谚语都说明了竞技体育是一种对时间程序要求很严格的活动。就观众而言，其消费行为与比赛过程是同

[1] 体育中的犯规行为乃至某些正常行为，明显地威胁到了运动员的生命权和健康权，按照刑法规定，构成了刑法上的故意伤害罪、过失致人重伤罪和过失杀人罪。但是体育竞技比赛中的这种人身伤害是发展体育比赛事业所必须承受的。如果对这些行为一概以犯罪或违法论处，将不利于提高体育运动技术水平，发展体育事业。这一体育规则与刑法的冲突可以用“排除社会危害性的正当行为”来解释。排除社会危害性行为，是指外表上似乎符合某种犯罪构成，实质上不仅不具有社会危害性，而且对国家和人民有益的行为。正当行为是刑法领域中一个重要的问题，外国刑法中将其称为阻却违法事由或合法辩护事由。参见韩勇.体育纪律处罚研究[D].北京体育大学,2006:27.

步的，任何拖延都会损害其消费行为所带来的好处。就运动员而言，只有及时处理赛中违规的行为才能将比赛进行下去。如果比赛成绩长期处于不确定状态，则体育比赛中争金牌、比名次的行为也就失去了实际意义。

体育的过程是人类自我挑战、自我升华的过程，通过以身体直接或间接对抗的方式展示身体本身所带来的魅力。虽然它带有极大的风险性，例如同场个体对抗项目（击剑、跆拳道、柔道、拳击等）和同场集体对抗项目（足球、篮球、橄榄球、冰球等），这些对抗性比赛双方在激烈的比赛中可能导致暴力和对人身的伤害，不仅仅涉及运动员，而且可能涉及裁判员，甚至观众；但这是体育运动所不可缺少的，是人类要保存冒险精神所必须坚持的活动。我们不能因噎废食，否则人类就失去了前进的动力。

第二节 社会法的特征定位

进入现代社会以来，公私法二元划分的体系逐渐模糊，两者之间出现了趋同现象。在现代社会之前，国家与社会之间的界限泾渭分明，公权力与私权利之间界限明确，公法与私法之间各有调整的范围和领域。现在，国家与社会之间逐步混同，公法与私法逐步混同。公共权力与私人权利之间的界限正在被打破，国家不再单单只是社会秩序的中立监护人。私人组织被赋予了过去更多专属于政府的那些权力，人们普遍认为社会乃是政府的集合体而不是单纯个人之间的联合[1]。纵观大陆法系与英美法系，传统公私法的划分所赖以存在的市民社会与政治国家的界限已不再那么界限分明。现代社会全方位的发展加速了人与自然、国家与市民、社会与国家，以及社会与社会之间的融合。如果仍坚持市民社会本位及公私法明确划分的陈规，将无法解释社会中存在的问题。本研究认为，公私法的融合或传统私法的公法化是社会法产生的法律基础。可以说，是历史选择了社会法而不是社会法创造了历史。

基于对体育法本质属性研究的需求，我们沿用了传统的公私法二元划分体系，当然这就不得不提起社会法。从查阅的资料可以看出，社会法最早在19世纪末的德国产生，比黑格尔市民社会理论的提出要晚很多年。黑格尔是第一个比较完整而又系统地提出市民社会理论的人，但由于他认为国家是伦理精神发展的普

[1] 公丕祥.法制现代化的理论逻辑[M].北京:中国政法大学出版社,1999:293.

遍性阶段，其理论便存在一个巨大的缺陷，即认为市民社会中的市民应当附属于国家，接受国家睿智的领导和道德的感召。也正是这一原因，之后的“社会视角”的研究与倡导者总要谨慎地保持与黑格尔的联系，目的就是防止陷入黑格尔“国家主义”的模式之中。

洛克的“社会”观念是与黑格尔的市民社会理论相对应的一个极具理论潜质的学说架构。洛克认为市民社会先于或外于国家而出现，在他看来，人类最初生活的社会（指自然状态）乃是一种完美无缺的自由状态，其间的人都是充满理性的人。他们生来就拥有生命、自由和财产三大权利。因此，国家只能是人们为了避免个人私欲的冲突而建立的政治社会。在这里，国家根据社会委托于它的立法权和司法权，一方面对公益负责，保护市民社会中的私人财产权；另一方面对各大利益集团的利益（诸如王室、贵族、教会和平民）加以平衡和协调。国家之于市民社会，是作为工具使用的，是手段而非目的。

一、社会法调整对象的特殊性

社会法是对近现代民法完全追求形式平等与自由理念的修正与补充[1]，这种制度设计不考虑人与人之间的差异，以尊重私有财产权为自己核心的价值追求。而市民法中“人”的概念则是一种具体的、有各种能力差异的实在人群，必须要充分考虑每个人在生理条件、经济实力、社会地位等方面的差异，利用国家的职能对这些存在于每个人身上的差异进行平衡。例如，社会保险法规定享受最低生活保障的人、丧失劳动能力的残疾人、低收入家庭、六十周岁以上的老年人和未成年人等个人缴费的部分由政府给予补贴。而在民法中订立合同后对于履行合同所造成的合同双方享受利益的差别不在法律的考虑范围之内，例如在借款合同中，债务人是否归还借款不需要考虑债务人的特殊情况。所以社会法是在市民社会中产生的，更尊重人权和保障人权，调整对象相对于民法在形式上保护平等主体之间的财产关系与人身关系具有特殊性。

另外，从权利派生关系的角度来看，宪法权利和法律权利所表现的法定权利都由应然权利所派生或者说来源于应然权利。在法定权利的体系框架内，宪法权利又可以派生出法律权利，或者说是宪法权利能够在司法裁判中得到具体的适用，从而使社会权具有实效性。社会权作为上位权利和基本人权能够派生出诸如劳动权、社会保障权、受教育权、环境权等较一般的权利，劳动权又可以派生出

[1] 夏蕾.论劳动法的社会法属性[D].吉林大学,2006,4.

就业权、劳动报酬权、劳动保障权等比较具体的权利。社会保障权是社会保障法的核心，是社会权的一项重要子权利。不同的子权利可以构建相应的子权利保障制度体系，如劳动法制度体系、社会保障制度体系和教育法制度体系等。因此可以说社会权是我们对整个社会法体系进行逻辑推理和法律论证的出发点，社会权就像一条顺流而下的河流源头，由此源头逐层推导社会法各个阶段及研究内容，由此构建整个社会法体系的内容。如果没有社会权这种应然权利，劳动权、社会保障权、社会自治等宪法性的实然权利就不会被立法机关加以制定，从而在司法裁判中得到实际的适用。同时，公民的社会劳动权、社会保障权如果没有被规定为宪法权利，也就成了无源之水、无根之木，成为一部没有实际效力的“死法”。

从社会权产生的根源来看，社会权体现的强弱共生关系的特质由社会化大生产所决定。这种权利的产生具有客观性，不会以强者或弱者的意志为转移，属于应然权利。如果要将这种应然权利转化为实然权利，在法治国家里，最有效的途径就是通过立宪、立法等立法程序转化为宪法权利与法律权利，使其在司法裁判中得到实际的适用。社会法就是不断适应人们对社会权保障的要求，不断地将应然权利转换为法定权利，将宪法权利转化为法律权利，并围绕着社会权体系构建起来的法律部门[1]。

二、社会法具有从部分向整体发展的社会本位观

随着我国由计划经济向市场经济的转变，社会法也随着市场经济的发展需要而出现。最初表现为保障经济性弱势群体的基本生活条件，经过演化越来越突出对人的发展和人格的维护，即由单一的生存权到发展权和人格权的延伸[2]。社会法保障部分社会成员的利益和全体社会的利益关系，前者倾向于保护某类群体的利益，比如残障人士权益保护法、消费者权益保护法等，后者主要是保护所有社会成员的利益，出发点是立足于全体社会，比如体育法、环境保护法等。近几年随着社会法的发展，逐渐表现为由保障部分社会利益向全体社会发展的趋势，这也反映了国际上第一代人权向第二代人权的转变与发展的趋势。

本研究以时空、性质、功能、国家角色和任务、与人权的关系等为标准，将兴起于19世纪后期20世纪初期、导致自由资本主义模式被混合资本主义取代的早

[1] Mauro Zamboni, The "Social" in Social Law: An Analysis of A Concept in Disguise. Journal of Law in Society . 2008:524.

[2] 谢增毅.社会法的概念本质和定位:域外经验与本土资源[J].学习与探索,2006,28(5):92-97.

期劳动立法和社会保障立法视为“第一代”社会法；将1919年国际劳工组织建立后，以罗斯福新政和联合国经社文公约为代表的观点，以较全面保障社会权利为内容的社会法称为第二代社会法；将20世纪80年代开始随着欧美国家对社会的调整，社会保护与社会促进职能并重的社会法称为第三代社会法[1]。

三、社会法具有从个人利益向社会利益发展的公共利益观

从法理上讲，法律的重要价值是保护公民的合法权利，法的价值取向就是要通过解决社会上出现的问题来实现社会的公平和公正[2]。传统观点认为公法是规范国家政治、生活秩序的法，保护国家利益和维护公共秩序的稳定，最典型的是宪法、刑法、行政法等。私法是规范市民社会生活秩序的法，保护平等主体之间的利益，例如民法、商法等。而社会法是以社会利益为本位，是规范劳动关系、社会保障、社会福利和社会促进自治机制方面的法律关系的总和，如劳动法、社会保障法、环境法、社区安全法、体育法、教育法等，都是典型社会法的范畴[3]。

一般来说，这些社会问题都是涉及民生的，关乎社会全局的稳定和统治。如果不对这些社会问题加以重视就很有可能引起经济、政治的动荡等重大问题。提出并区别这些问题，也只是出于法律上的拟制或经验上的总结，大部分属于应然性的判断，是一些假设性的东西。如果我们想有效地应对和处理实践中发生的问题，则必须要在萌芽状态或问题爆发之前解决这些问题，防止其实然性结果的出现。

社会法能够打破传统的公法与私法的划分，并作为一门独立的法域存在，表明了现代社会公法私法化和私法公法化的时代特征。公法私法化是指在公法领域中，政府履行职能由过去完全依靠国家管理和监控，转变为逐步渗入私法的因素。在那些国家管理不到、不适合国家管理及不能由国家管理的领域，要更多地发挥个人、社会团体和社会的作用。私法公法化是指在私法领域中国家开始转变过去对于私法领域完全自治的放任，并逐渐渗入国家干预的因素。在法律领域，社会法打破了自古罗马法学家乌尔比安以来划分的公私法的二元界分体系，使法律体系又多了一门独立的法域——社会法，出现了既不是完全的公法，也不是完全的私法的空间，社会法成了一门可以与传统的公私法相并列和相制约的独立法域。

---

[1] 陈步雷.社会法的部门法哲学反思[J].法制与社会发展,2012,(4):31-45.

[2] 吕小平.对社会法概念的思考[J].西部法学评论,2012,(5):43-48.

[3] 吕世伦,马金芳.社会法的几个基本理论问题研究[J].北方法学,2007,1(6):5-16.

第三节　体育法具有社会法属性之论证

作为一名体育法学工作者，经常被问及的一个问题就是：体育法到底是什么？体育法不像刑法、民法、商法、经济法、婚姻法、行政法等法律一样，明确规定了可以做什么和不可以做什么，它更多的是运用其他法律来解决体育运动中发生的法律问题。那么体育法到底有没有作用？体育法的本质属性是什么，是公法范畴，还是私法或者社会法范畴？本研究在关键词界定中已将体育法的范围界定为三类：第一类是体育法（Sports Law），即直接以体育为内容的法律，主要包括国际体育法、国家体育法、固有体育法；第二类是应用于体育的法（Sports and Law），是指应用到体育中解决其法律问题的一般法律，包括成文法和判例法；第三类是体育法律现象（Phenomena of Sports Law），是指在体育实践中发生的各种法律关系的总称。这里强调的体育法还包括《体育法》条文之外的法，甚至可以追溯到古代体育法[1]。当然，我们这里不是要故意将体育法的外延扩大，而是作为体育法本质问题的研究，必须要深刻挖掘其内涵和外延的东西。

一、体育法的本位观是保障体育权利

权利在法学体系中占有极重要的地位，它是法学的核心术语，是法学研究的主要对象；因此，在很多法学家那里法和权利的关系是一致的，法就是权利，权利就是法律[2]。黑格尔的法哲学也经常被翻译成权利哲学，他认为权利就是法，即原来是自在的法，现在被制定为法律[3]。在黑格尔的哲学体系中，权利是实现自由的本质形态，是客观存在的。对于每一个自然人来说，这里的自由实现不是“有自由的现实性”，而是“是自由的现实性”[4]。权利本身就是存在的，是个人的自由意志和精神的统一[5]。

权利和义务是法律科学的核心范畴，进入权利、义务领域，就是进入法学研

[1] 赵毅.驳“体育法近代产生说”[J].成都体育学院学报,2013,39(7):6–10.

[2] 李天莉.试析黑格尔的权利观[J].前沿,2007,(2):28–31.

[3] 黑格尔.法哲学原理[M].范杨,张企泰,译.北京:商务印书馆,1961:227.

[4] 黑格尔.精神哲学[M].杨祖陶,译.北京:人民出版社,2006:311.

[5] 罗朝慧.绝对精神的政治现象学批判:黑格尔的自由——权利辩证法[J].上海交通大学学报, 2012,20(6): 80 –88.

究的核心[1]。权利和义务贯穿于法律现象的各个环节，所有法律关系都围绕这对范畴展开。我国现行《体育法》条文中没有提到“体育权利”一词，也仅是第2条规定“国家发展体育事业，开展群众性的体育活动，提高全民族身体素质”，第5条规定“国家对青年、少年、儿童的体育活动给予特别保障”等这样的宣言性规定，关于体育权利的具体规范性方面明显缺失。按照现代法治“以人为本”的价值理念，公民体育权利应是《体育法》首要的和基本的内容，但只要翻开《体育法》的条款，就可以明显地发现《体育法》规定强调的是国家、学校、政府的体育管理责任，而不是直接的公民体育权利[2]。作为体育基本法的《体育法》应该在法条上就公民的基本体育权利、不同层次组织的体育义务进行确定，并在此基础上形成对应。唯有如此，法律位阶低于《体育法》的其他体育法律规范，才能在具体的制定和实施过程中有依据地围绕公民的体育权利与义务关系问题展开。从法律位阶分析，这是作为上位法的《体育法》的重要职能之一。作为体育基本法的《体育法》，没有就公民的基本体育权利加以明确，必定导致其他体育法规在具体的制定和实施过程中忽视公民的各种体育权利，从而制约我国体育法制的整体发展。

二、体育法的利益观是维护社会整体利益

社会法通过不同方式协调各种利益关系，以达到社会公共利益最大化的目标，体育法作为社会法的一种具体部门法，具有社会本位的属性。《体育法》颁布实施20多年来，正处于我国改革开放不断深化和社会结构迅速变化的历史阶段，我国的社会利益结构，由过去高度的一元化、整体性和稳定性，迅速地向多元化、非均衡性、非稳定性方向嬗变和转化。体育事业的发展虽然会受到举国体制的影响，但是当前方兴未艾的体育产业化与体育社会化趋势仍然对我们的举国体制形成了强烈的冲击，由此而导致了一系列的体育利益的分化与冲突；但是也取得了众多体育制度改革创新的突破和成果。体育事业的科学发展和对良法善治的现代法治追求，成为代表与整合国家、社会与公民利益的时代需要。这些都应当在《体育法》的修改中最大限度地予以体现，进行各种体育利益的法律衡量。

人类生存和发展的历史无不表明，对利益的追逐是一切人类社会活动的根源所在。因此，立法对社会的控制离不开对利益的调整，而利益关系的变化和发展

[1] 韩勇.中国体育法学研究：从法解释学到法社会学[J].体育科学,2010,30(3):75–82.

[2] 饶晓红,周爱光.浅议我国《体育法》法律特征的不足[J].体育文化导刊,2006,(6):29–31.

也必然引起立法的一系列变化和发展。任何一部法律规范都会涉及利益关系，都是对利益关系的规范和调整，是观念碰撞和利益博弈的产物。立法的过程便是立法者对社会中纷繁复杂的利益关系加以选择和对特定利益予以承认的过程。

比如，怎样处理国家、社会、公民在体育发展中的各种利益需求和行为，如何将公共体育利益和公民体育利益有机地统一起来，怎样将公共服务和市场机制结合起来，多元化地满足不同社会群体的体育利益需求等，都需要在修改《体育法》中进行科学的审视和恰当的揣度。特别是现行《体育法》较多偏重政府管理职能，主要关注管理规制效力，需要在扩大社会、市场机制和资源投入，充分发挥多元主体作用等方面进行重大调整与制度创新，包括体育社会团体和各类社会组织在发展体育中的地位进一步提升，社会体育、学校体育等全民健身内容的进一步丰富，体育与人的发展、生活幸福、社会和谐关系的进一步突出，体育文化和人文精神的进一步培育传播等，都可能成为《体育法》修改中关注的热点和亮点[1]。

黑格尔在其著作《法哲学原理》中将市民社会界定为三个环节[2]，其中一个环节就是通过个人及其他一切人的劳动与需要的满足，使需要得到满足从而构成一个需要的体系。这也是将个人需要和社会需要有机地结合起来，充分发挥国家政府的宏观调控能力，保障公共利益最大限度地实现。体育作为公共服务系统的一部分，其发展会受到经济水平和区域环境的影响和制约，从而出现地区发展的不均衡，这在社会内部是无法得到解决的，必须由国家和政府出面管理，也就是体育法所要求的既要保护公民的个人利益，又要维护国家的整体利益。这体现了社会法的利益观，保障了全体社会的公共利益能够实现。

三、体育法的价值观是实现公平正义

法的价值实际上就是法的本质和目的的问题，法不仅仅是实现人们制定法律时所含有的目的与手段，同时它也有自己所追求的特定的价值。正如黑格尔所说的每个事物中都包含着普遍性的东西，这个普遍性的东西就是人们赋予它的价值。研究法的价值主要是研究普遍性与特殊性的辩证统一关系。具体来说，我们不仅要关注体育法对人们体育权利所具有的特殊性意义，更应该看到它的

[1] 戈登・怀特.公民社会、民主化和发展：廓清分析的范围[M].何增科,译.北京:社会科学文献出版社,2000:64.

[2] 黑格尔.法哲学原理[M].范杨,张企泰,译.北京:商务印书馆,1961:203.

普遍性所带给人们的价值。普遍性价值为正义价值、自由价值、秩序价值[1]。自由代表了人性最本质的需要，处于法价值的金字塔的顶端。正义是自由价值观的外化，是自由价值之下制约其他价值的法律准则。秩序表现为自由、正义的一种社会状态，它必须接受自由和正义标准的束缚，没有自由和正义的法秩序是无道的秩序，应该被我们所推翻。秩序是法律所能存在的基础条件，没有秩序价值的存在，其他法价值就没有实现的载体。这是体育法应该具备的普遍性原则，而体育法的特殊性表现为体育法应维护公民和社会组织享有的权利，使个人的合法需要、尊严、正义得以实现[2]，体育法的价值应该遵循法的价值理念。

德国大多数社会法学者认为，社会法的产生是要求保护社会中处于弱势地位群体的结果。工业革命、工人运动、社会改良学说是社会法的核心法律规范——社会保障法在欧洲产生的直接社会原因。20世纪中后期，随着资本主义经济的复苏和繁荣，政府职能被社会要求赋予更多的保护公民的责任，因此，福利国家思想和制度逐渐兴起，社会法存在的社会基础在这一历史时期基本成熟。在我们国家全面进入小康社会的今天，体育活动已经成为福利国家发展的重要内容之一，个人相对于社会、国家来说，就处于弱者地位。例如，一个足球爱好者不可能去建造一个足球场，这就需要国家或者社会出面来协调，分区域、分层次、分阶段地建设体育活动场所。这样的事情似乎可以通过行政管理的手段实现，但是随着市场经济的繁荣发展，我国的大型国营公共体育场馆的现状确实不能适应社会的需求，产生了一系列的问题。

体育活动的保障不能仅仅依靠行政手段来实施，更多的应该利用社会化和市场化的便利来达到体育的目的。体育法正是在这样的社会背景中前行，仅靠个人的手段（私法）根本无法实现，依靠行政的管理制度（公法）也是举步维艰、处处受阻。可见，体育法是完全符合社会法特性的，所以体育法应该属于社会法的范畴。社会法可以分为三种类型，即社会福利型、劳动维权型、社会促进型。虽然对于社会法的三种类型，在体育领域的法律问题中都有所涉及，但社会促进型更接近体育法的本质属性。

---

[1] 卓泽渊.法的价值论[M].北京:法律出版社,1999:185.

[2] 王承信.我国体育法的哲学思考[J].滨州学院学报,2005,21(2):35-38.

第四节　社会法视野下的体育法特殊性之辨析

体育活动本身的攻击性和危险性与体育法“外部规则”的规范性和强制性冲突明显。相对于其他社会活动而言，体育活动不仅具有一定的特殊性，更具有体育活动本身所带来的内在的风险性[1]。所以法院在处理体育伤害事故时，会充分考虑到体育运动的特殊性原则，因此这里必然要涉及原则与规则的关系。尤其在解决体育纠纷时，适用原则与规则发生冲突时，如何正确处理二者之间的关系是一个重要的问题。我们认为原则是第一位的，必须充分考虑由体育的特殊性所确定的体育法的基本原则，不能与一般法律原则一概而论，否则会影响和干扰体育事业的正常发展。如前所述，规则是由原则所派生出来的，规则一定要与原则相互平衡和补偿来弥补出现的法律漏洞，以便于促进体育的发展。下面我们将要通过具体的案例来分析体育道德与体育法规则冲突的实际情况，以此让我们更好地理解道德与规则的冲突[2]。

这样的冲突常见于足球比赛的案例中，当一方队员受伤比较严重时，另一方的控球队员故意将球踢出界外，形成死球，以此来中止比赛，而当继续比赛时受伤方会主动地将控球权交还给对方，而观众予以掌声。这种现象被称为“普拉蒂尼行为”，因为创下这个不成文规定的就是法国球星米歇尔·普拉蒂尼（Michel Platini）。事实上并没有任何一条体育上的成文规则要求球员这么做，球员只不过是被体育道德精神的习惯做法所约束。当然，道德的非强制性也会引发一些不好的后果，例如，在2006年德国世界杯1/4决赛中，同样的情况发生时，荷兰队员并没有把球踢还给对方而是直接发起进攻，这一行为引发了对方队员和现场观众的强烈不满。在后来的比赛中，场上球员发生了几次身体过分接触及动作幅度过大等情况，导致裁判员不得不多次亮牌以控制局面，最终场上双方各只有九人对决。

这只是发生在体育比赛中的一种现象，还有更多体育活动中的特殊性值得我们去研究和探索，笔者将这些特殊性归结为法律原则与规则的冲突现象。当然，关于体育法原则与规则的冲突，还只是停留在理论分析阶段，并没有真正进入体

[1] 汤卫东.侵权法视角下体育运动中的人身损害责任探析[J].体育科学,2014,34(1):34–40.

[2] 胡旭忠,汤卫东,畅振山.体育法原则与规则的冲突——基于法律原则理论的思考[J].西安体育学院学报,2016,33(4):396–400.

育活动实践和体育纠纷解决程序中。而在民事法律实践中，德沃金提出的判例是法官适用“没有人可以从他的错误中获利”这样的原则进行判决，这与“除非一份遗嘱得到3位证人的签名，否则无效”的标准区别很大。前者是法律原则，后者是法律规则。不论是体育领域还是其他法律领域，原则并没有包含必须适用于案件的必要条件，但是它却决定了最终的发展方向。

法律与法学之根本在于服务于人的生活目的，并不是说教与虚拟。事实上，人的生活本身具有自成目的性。人的存在表现为两个方面：生存存在与生活存在。生存存在是一种事实真理，它构成生活存在的基础与限制，与其他生物的生存存在没有什么本质的不同；而生活的存在则是人之为人的根本，它是人在自由意志支配下的创造性活动。正是由于生活存在所富有的创造性活力，才使得人一方面受制于客观世界的事实，另一方面又主宰着生活事实，成为一种能够创造存在的存在。这样，人的生活就不再是神所能安排的了，不再是为了上帝的目的而生存，也正是在这个意义上，有学者提出：“生存的存在前景是一种必然的前景，即特定的刺激引起特定的反应，生命由成熟到衰老以至死亡；生活的存在前景则是可能的前景，即生活是作品，生活前景是‘可能生活’，生活的意义是创造产生的[1]。”因此，生活的创造性赋予了人的生活以意义，人也就可以在创造性生活中追求自身的目的。

体育组织自治是体育法治实现的基础[2]，体育行为的特殊性需要得到法律的例外规定。特别像竞技体育中拳击、摔跤的进攻性与普通法律中强调的人身安全不受到侵害是相冲突的，这种体育活动是一种正当业务行为[3]，就像外科医生的手术行为，具有社会的正当性[4]，体育法应当考虑到这种正当性。体育的这种特殊性与法律保护人身不受到侵害的规定是相冲突的，当然体育活动中的行为有必要用一定的限度来进行管理和约束，只有在超过相应的伤害范围，才会受到制止或者处罚，甚至受到法律的制裁。

体育运动的特殊性还不仅仅表现为以上这种现象，还有更多的需要进行分析和辨别。我们可以肯定的是，在管理体育的过程中，原则与规则的冲突一定会越来越受到人们的关注。所以厘清原则与规则的关系及两者在同一法律秩序下的结合，以求得法的正义和法的安定是我们所必须解决的问题。毫无疑问，原则是

[1] 赵汀阳.论可能的生活[M].北京：生活·读书·新知三联书店,1994:68.

[2] 贾文彤.体育的规则之治——一个法律社会学视角[J].体育学刊,2007,14(1):20-22.

[3] 李晓明.中国刑法学基本原理（第二版）[M].北京:法律出版社,2005:328-329.

[4] 陈兴良.刑法哲学[M].北京:中国政法大学出版社,1993:96.

人们对绝对的自由裁量主义和绝对的规则中心主义这两个极端之间进行平衡和取舍的一个重要路径。正如德沃金所说，法律不仅仅包括法律规则，还包括糅合到法律中的原则[1]，而规则是将抽象的原则具体化、形式化、外在化[2]。对于体育法中的原则与规则的问题，由于体育法的社会法属性[3]，体育法的原则就显得尤为重要，特别是体育的特殊性所带来的体育法基本原则体现的是体育的精神和灵魂，那么体育法的原则就为规则指明了适用的目标和方向，具有根本性的约束作用[4]。而体育法的规则范围则十分广泛，规则是在原则的价值理念和目标追求的基础上派生出来的。

道德规则自有社会以来一直是约束社会生活的重要行为规范，不同的社会有不同的道德规范，道德规范的具体要求也会因时代的变迁和社会环境的变化而呈现出截然不同的形态。中华民族的传统美德中有许多道德在制定法律时已经被立法者所考量，社会法产生、存在和发展的社会基础决定了越来越多的道德规范将成为法律规范[5]。恰逢全面推进依法治国的重大历史机遇，法治成为一个热议的研究话题。其实法治在国内外法学术界早已有相当深刻的论述，法治首先要求国家履行保护每个公民的义务，即当任何公民的权利受损要求法律保护时，法院或者国家权力机构都有义务做出一个合法合理的法律决定，这是公民的基本权利[6]。现有的体育法内容能否满足法治社会背景下的保护人民体育权利的要求，需要我们进一步研究探讨。关于体育活动实践和体育法律实务中原则与规则的冲突，在前文的典型案例中也得到了充分的体现，体育法原则与规则在现代法治的整合下必须运用特殊的法学方法论进行解释，使体育特殊性所形成的体育法原则与法律规范相协调[7]。

这里需要强调的是，体育法的规则体系已经十分庞大，但是体育法的原则问题尚未在法学术界形成统一的认识。正如德沃金所强调的扭曲法理学的核心问题是将道德价值剔除出去[8]。一些法学流派主张法律规则具有可预测性和可确定性

[1] 李可.原则与规则的若干问题[J].法学研究,2001,(5):66-80.

[2] 郝建设.原则与规则之间的冲突：法律推理的难题与选择[J].政法论丛,2004,(4):81-84.

[3] 胡旭忠,汤卫东.论体育法的社会法属性——基于黑格尔法哲学的体育法本质解读[J].成都体育学院学报,2014,40(11):12-15.

[4] 李媛.浅析法律原则与法律规则的区别——基于德沃金法律原则理论视角[J].法制经纬,2010,(2):260-261,268.

[5] 郑尚元.社会法的存在与社会法理论探索[J].法律科学,2003,(3):40-48.

[6] 张文显.法哲学范畴研究（修订版）[M].北京:中国政法大学出版社,2001:394-396.

[7] 王夏昊.法律规则与法律原则的抵触之解决[M].北京:中国政法大学出版社,2009:3-11.

[8] Dworkin, Taking Rights Seriously, Harvard University Press, 1978:5.

的特点，使其需要将具有主观性的价值判断和道德判断从法律中完全剔除出去。但这种观点是不可能实现的，因为价值判断与道德判断根深蒂固地存在于法官的裁量之中[1]。从更深层次的意义上讲，体育运动所体现出来的精神和价值观念，以及体育运动规则所形成的体育发展规律，是体育法原则的主要内容。这也正是在现代法治观念下体育法规则与原则相融合、相统一的过程。

法律原则的地位和作用只有在法治化的语境中才能成为问题，离开了法治的体育法基本原则就不能成为研究的问题[2]。现代体育活动已经成为人们生活中不可缺少的重要活动，因此保障公民体育权利是体育法最基本的原则所在。同时在法律原则理论研究的基础上对体育法中原则与规则的冲突问题进行思考,是体育法基础理论在法理学层次上的一次勇敢尝试，以此期望为体育法学在法治化背景下更加趋于完善提供强大的理论支撑。

[1] Morrision, Jurisprudence: from the Greeks to post-modernism, Cavendish Publishing Limited, 1997:16.

[2] 葛洪义.法律原则在法律推理中的地位和作用[J].法学研究,2002,(6):3-14.

第四章　体育法基本原则的生成机理

体育法是法学中一个新兴的跨部门学科，体育学与法学相关学科的理论成果对体育法的发展都具有指导作用，这对体育法的发展虽然很有利，但也必须注意到一个问题，那就是体育法必须遵循的基本法理，应当对相关学科研究成果进行法律思维方式的转化，而不能奉行直接拿来主义，否则体育法就丧失了法律性。体育法基本原则体系的构建也必然要以相关学科的研究成果为基础，以法律原则立法技术特征为标准对相关体育法基本原则进行“吸收”与“鉴别”，这是确保体育法基本原则具有法律性的基本保证。

在前文中，本研究阐述了作为基础理论支撑的法律原则的基本概念和属性特征，以及体育法基本原则的研究评述。那么体育法基本原则是如何生成和发现的呢？其生成和发现的价值取向又是什么呢？它们又有哪些存在样态呢？在体育实践过程中如何去适用？这些都是研究体育法基本原则必须要弄清楚的问题。

第一节　体育法基本原则生成的法理背景

从前文的论证中可以看出，体育法具有社会法的本质属性，社会法是我国在完善市场经济法律体系、构建社会主义和谐社会的过程中应运而生的新兴法律门类和部门法学科。“社会法”的概念首创于现代大陆法系国家。社会法究竟包含哪些法律？反垄断法、反不正当竞争法、金融法、环境保护法、计划和产业政策法、消费者权益保护法、国有企业法等属于社会法的范畴吗？这些现代法律主要解决经济规划、环境保护、就业、社会保障等社会性的问题，其既不是公法也不属于私法。因此，大陆法系国家的法学家在公法和私法之外，就创造了“社会法”的概念。

社会法是与社会主义制度最契合的法部门，因为社会法天然地带有缓和社会矛盾、维护社会稳定等方面的积极作用，如果我们要建立和谐社会，就离不开社会法的发展对社会稳定的促进作用。随着社会建设、经济建设、政治建设和文化建设等被摆在同等重要的位置，社会法对于我们民族伟大复兴的重要性日益凸显。在传统的法律部门中，民商法和经济法分别从微观和宏观的角度调整国家的经济生活秩序，它们都侧重于保护公民的民事权利。宪法和行政法主要规范国家的政治秩序，保护公民的政治权利。传统的法律部门对公民的社会生活的关注度是远远不够的。作为公民经济方面社会领域的事务需要法律的调整和保护，公民政治权利和民事权利之外的权利（可以称之为“社会权利”）保障也需要新的法律部门加以保护，因此社会法面临着难得的发展机遇。

社会法的主旨在于保护公民的社会权利，尤其是保护弱势群体的利益。在社会关系领域之中强势群体和弱势群体的区分成为必然，因为在充分竞争的情况下，能力不对称和信息不对称会加剧人们获得资源的不平等，进而导致经济生活地位的不平等；因此市场经济会导致强者越强、弱者越弱的现象。此时如果没有国家运用公权力来平衡强者和弱者之间的利益，市场将使强弱失衡的状态加剧并最终导致严重的社会问题，引发社会动乱。要想阻止这种现象的发生，通过法治途径，即制定和完善社会法规范社会强弱主体之间的关系是改变这种失衡局面的必然选择。尤其我国当前正在实行全面深化改革的伟大实践，而社会法理论又比较薄弱的情况下，完善社会法来保障公民的社会权，使人们实现真正的解放，即社会解放，对于构建和谐社会具有重大而深远的理论和现实意义。

法律原则理论的研究表明它能够作为法律论证的基础性或本源性的原理或准则[1]。换言之，我们讨论法律原则的论题是要在夯实理论的基础上推动中国法治的建设。我们要将承认法治（Rule of Law，法律主治）而不是法制（Rule by Law，依法而治）作为讨论“法律原则司法适用”的前提。这既是一个问题讨论的语境限定问题，同样也是一个目标定位的问题。这意味着虽然法律原则的司法适用确实会不可避免地带来法官自由裁量权的扩大，但这并不意味着我们鼓励或提倡法官恣意司法，而是要求法官在坚持依法裁判原则的前提下，综合考量规则与原则所各自适用的领域而做出裁判的结果。与此同时，虽然将法律原则纳入司法裁判的考量因素会使得司法裁判的过程与结果具有相当的不确定性，但

[1] 高其才.法理学[M].北京:清华大学出版社,2011:44.

这同样也不表明我们肯定裁判结果的不可预测性价值；而是在承认法治的前提下，尽最大的可能发现并排除司法裁判中的不确定性因素，最终追求司法裁判的确定性[1]。

被称为美国社会法学创始人的庞德认为，法律是为使人们的需要能够得到满足而建立的社会制度，是人类据以实现正义的控制工具之一。在他看来，法律秩序、权威性审判依据、预测审判结果的根据及司法和行政过程，可以用“社会控制”这个观念统合起来，并对这种统合进行“法律科学”的研究。

与其说庞德界定了法律的概念，不如说他昭示了一个时代的到来，在这个新的“世界法”时代，控制的理念获取了合法性地位。社会控制是经由每个人的同伴之间的压力而形成的对每个人施以的控制，且不管它是有意的还是无意的安排。正是这种越来越受到组织和指导的压力，维系了我们对人性的支配。而“我们”正是以权利意识和个人主义导向的，并以这种“控制”的观念构建了“我们”当下时代的这样一群“现代人”。

伴随着这种控制的理念与特征，我们及我们的研究消解成了功能；因为如果我们需要控制包括我们自己在内的一切的话，那么我们就仅仅需要关注功能。在一部机器发动之前，作为实体的结构已经被“构造”出来了。为了造一个轴承，你挑了一块钢，在它能具有轴承的功能之前你把它做成某种形状。它的尺寸、形状、重量和硬度等结构特性，并不依赖于它在这种特殊机械中，还是在任何其他机械中，作为轴承还是作为别的什么部件起作用。无论它所属的机器是处在运动还是静止中，它们都一样。进一步说，属于一个给定机器的给定部分的这些结构特性，就是它的功能特性的基础和先决条件。除非这块钢具有合适的形状、硬度等，否则它将不会被当作轴承使用。因此，当“接受控制”作为现代社会的特点时，我们对于在谈论封建社会的结构，或者资本主义工业的结构，或者希腊城邦的结构时所表现的无动于衷，一点儿也不会感到惊讶。因为在“现代观念”看来，它们没有任何害处，没有害处的原因是因为“现代（人、社会思想）”相信这些被称为结构的东西，实际上具有非常复杂的功能，是人类行为方式的诸种类型。当我们将体育描述为“应该作为一种行业，进行管理或者让它自我治理”时，意思可能是在这样性质的人类文化时代背景下，可能有着这样让人接受的行为方式。

[1] 沃缪勒.不确定状态下的裁判——法律解释的制度理论[M].梁迎修,孟庆友,译.北京:北京大学出版社,2011:74-75.

在德沃金发现法律原则在个案裁判中的重要作用之前，法学理论家并没有充分重视法律原则在司法裁判中的重要作用。正如概念法学派所认为的，法律体系是一个体系封闭、逻辑严密和内容自洽的体系。因此，法官只需要依据现有的法律规定就可以实现个案裁判的公正，法官只是一部根据法律程序做出法律决定的机器而已。但是概念法学派所认为的法律并不是一个逻辑自足的体系，恰恰相反，由于人类理性的有限，它存在着大量的模糊、冲突、漏洞。

一方面，是因为人类理性不能完全认识不断变迁的社会生活，这就导致了立法者在制定法律规则时不能考虑到所有与之相关的情形，因此规则不能完全涵盖所有的案件；另一方面，由于法律规则的基本载体是语言，然而语言是人类在实践中慢慢形成的，其本身就存在模糊、冲突之处，所以法律规则以其为载体自然也存在着模糊、冲突。作为新分析实证主义法学代表的哈特敏锐地发现了这个缺点，并对这个问题提出了自己的解决方法。哈特认为，所谓疑难案件是指法律能否得到适用是不清楚的或是有争议的，法律的这种不确定性是一种合法的不确定性。在这样的情况下，法官不可能通过适用法律来裁决案件，而只能通过行使自由裁量权裁判案件。在前者的情形下，规则将得到确定的适用；在后者的情形下，规则的适用与否都可以找到相关的理由来支撑[1]。

从表面来看法律原则所规定的内容比较宽泛，似乎是大而无当的空洞内容，并因此在司法实践中并不具备实际效力。但事实并非我们想象的那样，大家可能知道，在第二次世界大战结束之后，当盟军把德国和日本的法西斯战犯送到国际军事法庭审判时，一些被告人主张自己不构成犯罪，他们提出的抗辩理由有着不约而同的一致性，以执行国家法律或元首命令为军人的天职作为理由，虽然这个辩护理由从当时德国和日本的实证法学派的观点来看是有一定道理的，但其违反了人类生存的基本道德，严重损害了基本人权，不符合人类平等相待的古老法律原则，是属于“恶法”的范畴。依据“恶法非法”的法理，法庭依然判处战犯们有罪。可以说第二次世界大战以后对法西斯战犯的审判典型地体现了人类公理性法律原则可以优先适用于国家的某些具体规则，也表现了法律原则在法律中的司法适用性[2]。

---

[1] 王夏昊.法律规则与法律原则的抵触之解决——以阿列克西的理论为线索[D].中国政法大学,2007:5–6.

[2] 谢晖.法律原则的效力和适用条件[J].苏州大学学报,2004,(6):20–23.

一、社会法视角下的体育法基本原则

体育法所涉及的法律问题与社会生活紧密相连，诸多体育法基本原则都源自于社会生活经验的积累、社会伦理道德的凝练。从法律原则理论的观点可以看出：法律原则最核心的特征就是伦理性特征。换言之，社会伦理之所以能够凝练成法律原则主要是因为其积淀着千百年来人们对社会生活的憧憬，表现为一种社会公认的社会价值和伦理认同。这种社会公认的价值和伦理认同如果要上升为法律层面的法律原则，就意味着立法者通过对社会生活经验、社会公理、社会伦理等进行总结和归纳，并将其上升为一种具有广泛指导意义的法律原则，使法律能够紧密地与社会保持同步的关系，同时可以弥补法律规则的刚性适用所造成的缺陷。正如有学者所认为的：离开了社会生活本身就没有必要制定法律；而失去了社会伦理基础，社会生活则将成为充满暴力与欺骗的非人生活[1]。体育法基本原则的适用，可以使人们的社会生活成为合乎道义、具有正当性的社会生活，它是证立法律原则解决个案的价值基础。

无论是在覆盖面上，还是在语言文字表述上，法律原则都具有高度概括性和不确定性，呈现了内涵模糊、外延分散的外部特征。法律规则往往是明确具体的，一个完整的法律规则往往有严密的逻辑结构，即由假定条件、行为模式和法律后果构成。法律规则为司法裁判提供了确定的依据，保证了判决结果的确定性和可预测性，使人们获得行为的明确预期。体育法基本原则并不具备法律规则所具有的行为要件和后果要件的严密的逻辑结构，它只是对不特定事实做出价值指引或道德评判。体育法基本原则的抽象性使得它只对行为或裁判提供一些模糊性的要求或标准，它并不直接告诉人们应当如何去实现或满足这些要求或标准，也没有明确地告诉裁判或者仲裁员应该如何对法律原则进行解释和适用。体育法基本原则的适用需要根据特定的案件事实来具体衡量各个原则之间的冲突程度，以此来决定哪个原则考量得多少。例如，行业自治原则、公平原则、体育良性发展原则都呈现了内涵丰富而外延又难以确定的特性。

德沃金对法律原则的定义即是从道德层面来展开的。当道德原则被立法者接纳从而成为法律原则时，法律原则的伦理性也是它饱受争议的地方。人们不禁会产生疑问：基于法律原则的裁判会不会滑向道德裁判的泥沼？与大多数法律原则相比，体育法基本原则与社会主流道德观念、社会共识的普遍联系程度较密切，许多法律原则就是社会通行的公共道德原则，本身具有社会的普遍认可度。体育

[1] 胡玉鸿.法律原则适用的时机、中介及方式[J]. 苏州大学学报(哲学社会科学版),2004,(6):27-29.

裁判员或者仲裁人员在解决体育纠纷时，需要掌握抽象的法律原则背后的价值选择，以及它们是如何分散到各种概念和结构中去的，只有这样才能做出公正的裁判。比如公平公正既是一项道德要求，又是体育法的基本原则，裁判如若不当地适用公平竞争原则，兴奋剂、抢跑、“假身份”等现象就会冲击体育正常的、良性的发展。但是我们更应当认识到，法律原则本身的特性使其内涵具有一定程度的明确性，裁判适用时应受到一定的约束并不能任意解释法律原则。

二、体育法基本原则的特性

亚里士多德曾说：“如果说具体法律规范的贯彻执行可以根据情况的变化加以改变的话，那么法律的基本精神、法律的原则在任何情况下都是不能改变的，都必须为我们所遵守和执行，以防止将危险的人的因素引入法治而使其遭到崩溃[1]。”

以这种角度描述法律原则彰显的是法律原则的社会性与生活化取向，它所要表明的是法律原则与社会生活的紧密关联。不仅如此，我们还需要认识到：由于原则与政策之间关系的特殊性[2]，某些体育政策、国家政策也往往被看成一种法律原则，并与所谓的公理性原则等同视之。由于相当多的体育政策内在都包含着一定的价值倾向与伦理道德，乃至包含着若干公理性价值和理念，因而体育政策与法律原则往往具有相当紧密的内在关联。但与此同时，我们也不能笼统地把所有的政策都看成原则或公理，而要看到政策与原则之间的区别。当然也正是基于这种理论认知，我们可以将体育法基本原则的属性从以下的六个方面来加以描述。

（一）体育法基本原则具有本然性意义

作为一种上层建筑，法律是调节社会关系的重要准则。而作为法律要素的核心内容，法律原则同样应当反映社会生活的基本要求和本然所在。换言之，法律是人类社会生活的产物，必须将人类作为调整、服务和规范的目标。因此法律原则在法规范的生成上必须与其所规范对象的性质相符合，才不会使法律与人类生活脱节，也才不至于阻碍人类的和平发展。这意味着，体育法基本原则之本然不能仅仅理解为客观存在于事物本身的道理或意义，它所强调的是体育法本身的本性。所以法律原则应当体现出这种本然性的意义，做到源于社会生活又高于社会

[1] 亚里士多德.政治学[M].吴寿彭,译.北京:商务印书馆,1965:199.

[2] 罗纳德・德沃金.原则问题[M].张国清,译.南京:江苏人民出版社,2005:54.

生活。

（二）体育法基本原则具有内在正当性

法律原则的存在样态是多种多样的，其效力和权威性并非仅仅来自国家权力所带来的强制力，而主要在于其内容所具有的正当性。这意味着对体育法基本原则的遵守既是对公正道义的遵守，也是社会道德对人们所施加的要求。因此就现代社会法治而言，体育法基本原则无论是显性还是隐性，所表现出来的价值必须具有内在正当性。换句话说，如果体育法基本原则缺乏正当性，那么它就不能算是真正意义上的法律原则，而是其他的东西。

（三）体育法基本原则具有形式上的完备性

体育是一种伴随着人类的生存和发展而演变来的社会现象，可以通过自身派生出林林总总的法律规则体系，并由此形成完备的道德观念，但是法律原则与纯粹的道德伦理原则不同，法律原则一般都存在于制定法之中。人们不仅可以在成文法的条文之中找到其存在形态，还可以通过相应的法律条文寻找到其中所蕴含的法律价值、法律目的。换句话说，法律原则不仅是实际适用于现实生活中并安排人际关系的原理，而且也内在地包含于法律体系之中。

（四）体育法基本原则具有伦理性

法律原则的伦理性指的是法律原则和道德原则具有天然的亲缘关系，它架起了法律规范与社会道德之间的桥梁。体育法基本原则与社会道德的密切关系也就内在地决定了体育法基本原则必将对社会生活、社会关系做出相关规定及安排，同时也会体现体育法在某方面价值理念的追求。人们一般认为法律规范发挥实际作用的必要条件就是必须奉行最基本的道德规范及获得社会的普遍接受与认可[1]。体育活动来自于古老的游戏活动，更早于法律和国家的产生，以最基本的道德规范为基础，而对于体育法基本原则来说，它必定也会在一定意义上体现法律的意义与伦理道德方面的关怀。

（五）体育法基本原则具有一定的普适性

一般来说，法律原则是社会生活与社会关系的基本产物，它的适用范围极为广泛，涉及社会生活、社会关系的各个领域和各个环节[2]。体育活动则更是这样

[1] H.L.Hart. The Concept of Law, 2nd,[M]. Oxford: Clarendon Press, 1994:134–136.

[2] 庞凌.法律原则的识别和适用[J].苏州大学学报(哲学社会科学版),2004,(6):25–27.

一种社会现象，作为规制这样一些社会活动的法律原则直接来源于社会生活，是体育法本身固有的本然之理。从世界范围来看，体育具有国际化和统一化的发展态势，实际上这也是体育本身之实然状态，因而体育法基本原则不仅具有了相当大的稳定性，而且也具备一定的包容性和普适性。

我们通过明确法律原则的基本特征，不仅进一步清晰了法律原则的具体内涵，而且也界定了法律原则与法律概念、法律规则等其他法的要素之间的区别，还建立起了法律原则与其他领域的原则和规范的内在关联。这不仅有助于我们深入地理解和把握法律原则的司法适用，找到其中的理论逻辑，而且有助于我们建立恰当的评估法律原则、司法适用的目标体系与价值范畴，进而从价值与规范相结合的层面上，整体把握法律原则的司法适用问题[1]。

三、体育法基本原则与体育政策的相互关系之研究

体育法基本原则与体育政策的基本概念是有着严格区别的，政策的概念是指一个国家与执政党基于某一历史时期特定发展阶段中协调社会关系的现实需要，而制定的为社会普遍遵守的行为依据和法律准则。政策相对于体育法基本原则而言，具有针对性、灵活性、阶段性的特点，表现为它可以随着经济社会的发展及社会管理控制的需要进行随时调整，不需要经过严格而烦琐的立法程序。此外，政策往往带有很强的目的性，是国家和执政党为了达成某一总体目标和具体任务而颁布实施的某一个阶段所要完成的任务。它的优势是在客观上可以弥补成文法的滞后性带来的因不能随时适应社会发展需要而导致的现实弊端。因此，政策在司法裁判中具有很强的宏观指导性作用，在司法实践中可以弥补成文法律条文的不足，起到法律规范实际适用的作用。对于政策的法律效力，我国民法第6条明确规定：民事活动中法律没有规定的，应当遵守国家政策。

由此可见，从本质上讲，国家政策是法律适用的重要组成部分，可以弥补成文法的刚性所导致的不足。然而德沃金认为，区别原则与政策极为重要，因为原则和政策时常会发生冲突，导致两者的针锋相对与隔离对峙。当它们在实践中发生冲突时，政策必须向原则的适用做出让步，除非对政策的考虑具有无比的重要性，以至于如果忽略它们社会就会遭受大灾难。比如，人们普遍认为，如果以判决某些刑事罪犯的无罪作为必要代价，放弃对无辜者进行保护的免受定罪的处罚的严厉规则，那么犯罪的发生将会减少，法院的审判会更加经济和有效率，从而

---

[1] William Lucy.Understanding and Explaining Adjudication[M]. Oxford University Press, 1999: 1–4.

整个社会的犯罪率都将会降低。但这样的观点只是反对那些程序规则的政策论证。因此假如被指控犯罪的人拥有这些规则所提供的保护权利，那么论证便无法证明放弃这些规则的正当性所能带来的好处。德沃金为了强调自己的理论观点，更加鲜明地指出：假如我们对法律的刚性如此毫不在意，以至于每当政策适合我们的意愿时，我们便给政策修饰太平，那么我们既背叛了原则，也溶解了原则所带给我们的权威。笔者在这里所要特别强调的是，德沃金眼中的“原则”与我们通常讲的“法律原则”是有很大区别的。德沃金所谈到的“原则”是包括“法律原则”与“社会公理”等在内的宽泛体系，并非单纯意义上的法律原则。尽管如此，德沃金的原则理论还是为我们研究法律原则的适用提供了重要的理论借鉴。

我们的法学研究者往往将某些体育政策或国家公共政策也称为体育法基本原则，例如符合宪法原则、依法治体原则等。我们认为任何体育政策或国家政策的考量中都包含一定的价值，其中甚至隐含着某些公理性价值，但这并不能将政策等同于公理，两者之间仍然有着许多质的差异。如果认为原则是由法律原理等应然性的价值所构成的，是由法律上的形而上学所推导出来的，那么带有指引性、规划性和功利目标的政策显然不完全符合这个标准。因此不能将二者完全等同视之。但如果我们一定要把政策称为原则，则是一种不准确的和不负责任的说法。夏锦文教授指出，任何一个社会，在众多的社会控制方式之间，政策与法律是两个较为常见的手段。政策与法律均有其各自的价值与各自所能实现的方式。政策不可以代替法律而存在，同样法律也不能完全取代政策的作用，问题的关键在于如何准确地界定政策与法律之间的界限。法律应当保持其独立性和司法适用的权威性，而不能简单地随着政策的变化而变化，甚至屈从于政策，为政策作注释，否则法律所能发挥的作用必然大打折扣。

我们应当认识到政策与法律在其价值基础、目标定位、规范程度、稳定方式等诸多方面均存在着较大的差异。政策作为某一阶段或特定时期党和政府的工作重点，是随着社会具体情况的变化而发展变化的，其价值准则和目标都带有特定性和多变性。它讲究现实的具体情况并尤其重视社会的实效，在价值合理性和自身规范性中找不到其研究的重点。一般来说，政策一旦成为国家进行社会管理、社会控制和解决社会冲突的主要工具和方法依赖，特别是当政策与法律出现不一致的冲突情形时，法律会因为政策的优先适用而丧失其独立性和权威性，甚至成为实现政策的工具和手段，沦为政策的傀儡。拥有行政权的管理者或司法裁判人员运用法律解决社会冲突的背后，极有可能隐含着政策导向的动机，或者能从政策中找到自身裁判是否合理的注释。当法律的权威让位于政策时，法律自身的价值将荡然无存，并且会产生有害的后果。

我们认为两者作为法律适用推论的条件还是存在着巨大的差别的。因为政策在司法实践中的适用不能离开一般性原则的指导，否则便存在脱离其本来目的的危险。如果在一个案件裁判中，法官必须对适用政策与原则两者做出取舍的话，无疑体育法基本原则应当是法官的优先性选择，应当把体育法基本原则的适用作为做出裁判的首要依据。为此德沃金教授指出，民事案件的司法判决，特别是疑难案件的判决，明显是适用原则而不是适用政策。由于政策变动性较强，仅针对特定历史时期的特定目的，在适用的时候要特别考量对其的适用是否满足政策制定的背景。因此，我们认为在体育法律实践中必须合理区分体育法基本原则与政策之间的界线，保持它们之间的恰当距离，更要警惕二者之间的等同看待，这也是推动法治的发展进步、实现社会有效治理的必然要求。

第二节 体育法基本原则生成的历史脉络

从国内出版的体育法教材类著作中可以看出，它们几乎无一例外地会讨论体育法基本原则的问题；从收集到的几本国外体育法译著也可以看出，它们对体育法原则都有所涉及。相对于具体规范，体育法基本原则具有极高的抽象性和概括性，甚至在某种意义上，基本原则涉及体育法的精神层面、体育法的价值观。基本原则在各主流法典体系中，并非是实体化的存在。那么，基本原则究竟从哪里来？基本原则的生成原理是什么呢？

从西方法哲学的观点来看，法律原则最初肇兴于古希腊时期所盛行的自然法学理论。因为在这种自然法的理论形态中，诸如规律、规范、公平、正义等关键概念构成了这一时期自然法理论的核心内容。而这些内容与概念的内部又或多或少地隐含着法律原则的雏形。换言之，一直以来人们都普遍认为，千百年来人与人之间所奉行的最简明、最基本的交往规范正是产生于古希腊的自然法学派所提供的理论观点。因而，由此提炼出的法律原则自然也就是那些未经证成的简陋的法律原则。也正是在此意义上，有些法学家将那些普遍适用的、高度概括的、未经实证化的法律原则称为自然法。因为在他们看来，虽然来自古希腊时期的自然法在法律结构上较为简单，并且法律在原则与规则之间的划分也不是那么明显，但是法律原则却经常与自然法的传统相混合，导致两者之间往往被通用[1]。

如果说法律原则的雏形来自于古希腊时期的自然法理论，那么法律原则的实证化历程则始于古罗马时期的法律实践。这一时期，法律原则大多以通告书的形式表现出来。综观古希腊、古罗马法律传统之中有关法律原则生成的路径，我们可以得出一个基本判断：法律原则是人们为了应对日益复杂的经济社会发展所带来的司法实践中难以克服的问题，而逐步形成的一些较为稳定的法律价值理念的结果。其基本的原理和发展过程大致为：社会的发展萌生了不少难以克服的疑难复杂问题，针对这些问题，法学家提出了新的且是现实的法治需求；法学家具体地研究现实的法律规范，以求能在规范的合法性范围内解决这些现实的问题，当这些探索和经验逐渐丰富且法律规则又不能满足现实需要时，如何提出对个案事实普遍发生作用的法律解决方案便成为新的问题，此时法律原则理论便应运而生。很显然从这个有关法律原则的生成过程与原理来看，我们其实可以得出两个基本结论：一是法律原则是被发现的而不是被创造的[2]；二是与国家制定法自上而下的生成路径不同的是，法律原则生成的逻辑路径是自下而上的，是从法律实践中抽象概括出来，最后又融入并指导法律的实践活动。

虽然对这种有关法律原则生成历史的简要梳理有助于我们了解法律原则生成和发展的脉络，但还是不能让我们很好地掌握法律原则的生成原理。我们需要对法律原则生成的特点做更加深入的分析，以便能更好地掌握法律原则生成的逻辑。西方法哲学理论普遍认为：法律原则是法官在长期的司法实践过程中不断总结案件审判的经验，从优秀案例、先进法学理论中提取有益因素并综合运用自身的政治智慧和法律经验总结而来的。一旦这个过程日渐理性、逐步成熟，法律原则就会从司法判例提取出来并被法律界认可，进而成为具有司法适用价值的裁判标准[3]。也就是说，法律原则的存在不是有效的法律规范，而是法律适用的基本原因，它具有弥补成文法之不足与价值宣示的法治功能[4]。

体育法作为一个新的法律部门，在法律领域和社会发展过程中尚未形成独立法律地位，相应的学科理论发展也很缓慢，但是体育法的发展渊源可以追溯到很

[1] 亚图·考夫曼.类推与“事物本质”——兼论类型理论[M].吴从周,译.台北:台湾学林文化事业有限公司,1999:23.

[2] 李可.原则与规则的若干问题[J].法学研究,2001,(5):66-80.

[3] Richard Alan Wasserstrom, The Judicial Decision: Toward a Theory of Legal Justification, Stanford University Press, 1972:105-107.

[4] 林来梵,张卓明.论法律原则的司法适用——从规范性法学方法论角度的一个分析[J].中国法学,2006,(2):122-132.

久之前，并不是只有现代才有体育法[1]。体育法学作为法学的一个分支学科，具有法律的基本属性。因此，体育法基本原则生成的历史脉络也同法律原则的生成脉络一样，可以追溯到古代。

第三节 体育法基本原则的生成方式

就那些立法相对比较完备的法律部门或者亚部门来说，学者们常常可以从立法文件中归纳出其基本原则。但是，如果立法不完备，或者在经济和社会变革较大、需要对立法做出重大调整时，就必须考虑法的基本原则的确定依据问题。而体育法基本原则的研究，正面临着这种形势。

体育法基本原则的确定，至少应当考虑到三方面的因素。第一，体育法的基本原则，应当具备本章上一部分所探讨的内涵和特征，这是体育法基本原则在逻辑上得以成立的必要条件。第二，从法与一般社会生活条件相互关系的原理出发，我们主要应从社会一般物质生活条件和体育法调整对象自身的根本特点之中寻找体育法基本原则的客观根据，摆脱对法律原则探索的主观局限性。第三，体育法作为法律体系中的有机组成部分，其基本原则的确定也不能不充分考虑到宪法和社会法基本原则的要求；同时，各项体育法基本原则本身也应是一个统一的体系，彼此之间具有相互制约、相互补充和相互协调的关系。以上三个方面可以概括为确定体育法基本原则的逻辑依据、客观根据和法律根据。

在上述对有关法律原则的论题分析中，我们进行了详细的阐述，那么我们究竟可以通过哪些方法来发现这些潜藏在人们观念、理念、意识等体系中的法律原则呢？可以运用以下三种基本方式进行。

一、探求体育活动规律的社会方法

我们都知道体育法是在社会生活、社会关系发展的过程中产生的，所以通过社会学的方法来发现体育法基本原则显然是最直接、最有效的方法。但是如果运用社会学的方法来发现体育法基本原则，需要强调的是，由于法律工作人员作为从事法律实务的特殊职业群体，不像教练员、运动员等体育活动的一般参与人员一样，仅仅直接从社会的普遍价值观念之中来发现法律原则，可能更习惯于从体

[1] 赵毅.驳“体育法近代产生说”[J].成都体育学院学报,2013,29(7):6–10.

育纠纷事件或者裁判案例之中发现法律原则。这其实也就意味着我们既需要看到体育法的社会内涵，同时也要防止将体育法基本原则与社会规则，或者说体育活动原则与体育活动规律相混同。换句话说，虽然人们可以以一种审视的眼光识别出存在于社会内部的一般行为准则，并能准确地感知它所反映的价值倾向，但是获得这样的价值还是明显有别于法律观念下的法律原则。毫无疑问，这种经由社会学方法获得的基本原则能够很天然地与社会一般价值观念取得密切联系；但是人们也要看到体育法基本原则所具有的特殊性和自立性。

二、归纳体育法律实践的综合方法

法律是一门实践的艺术，体育法尤为明显。体育法基本原则作为体育法体系的重要构成要素，必然带有强烈的实践色彩。如果仅仅依靠社会学的方法，这意味着在体育法律实践的过程中我们还不能够完整地归纳出哪些是还要采取的路径。我们不能只通过把社会学方法所识别出来的原则转换为法律意义上的原则，运用社会学方法时最担心、最容易产生的问题，就是缺乏法律的要素，不能很好地适用法理学的要求；因此，体育法律工作者在考虑体育活动规律和体育实践的特殊性的同时，还必须把这些原则交由法学家在实践的过程中进一步加以提炼和规范。综合多种法律要素并对这些法律要素的综合性进行总结与归纳，是综合法哲学理论和体育法律实践的中间层，这形成了体育法基本原则。唯有如此，这些基本原则才可能有效地解决体育活动实践过程中所遇到的各种复杂问题与疑难案件。

三、运用典型体育案例的个别类推法

所谓个别类推就是由此及彼、由一般到普遍的推理方法。在体育法学领域，英美法系国家和国际体育纠纷处理中，普遍运用此方法。可见，国外对某一体育领域或者某一类体育纠纷的法律原则研究比较充分，这种方法也是值得推荐的，并且将其与以上两种方法相结合，对本研究来说具有很重要的价值。

当然，运用个别类推法来发现法律原则，意味着我们需要用一个隐性的法律原则作为基础，以便在此前提之下通过具体个案的裁判来进行个别类推。从类推中获取一般法律原则的认识基础是所有被援引的个别规定不仅仅适用于被规范的个别事件，还适用于所有相同类似的案件。反过来说，只要某特定要件存在，就可以得到适用。

总的来说，这三种有关法律原则的方法路径自然不能包括发现体育法基本原则的所有方法；但是，毫无疑问它们能够给我们提出若干思考的方向，进而使我们认识到：法律原则的存在并不必然局限于现有法律的明文规定[1]。由于体育法基本原则具有鲜明的社会历史性和伦理道德背景，人们难以完全确定其存在的数量。与此同时，成文法中的法律原则，最终又需要通过宪法来加以承认，所以法律原则不能离开宪法这一根本框架，脱离了宪法承认的法律原则是无法存在的。更重要的是，这种判断既适用于大陆法系也适用于英美法系，必然地也同样适用于我国。除此之外，还需要说明的一点是，法律原则的生成必须通过司法层面的实践检验，即必须要通过具体的司法程序来加以彻底的实证化，否则仍然只是空中楼阁[2]。

进一步讲，如果我们要把这种法律原则的发现和承认权看作对司法资源的重新配置问题，那么这种资源配置的权力归属问题就显得至关重要了。从权力分配的角度来看，如果确认权和承认权集中于立法者的手中，那么法律原则就是法律规则的判断就会自然而然地占据优势；而如果确认权和承认权集中于法官的手中，那么法律包含原则与规则的命题就会占据优势。具体来说，应根据不同的国家体育制度和该国的法律传统，以及现实的法治状况来选择体育法基本原则的承认模式。对于国际体育法和英美法系国家来说，将体育法基本原则的承认权交由体育纪律处罚机构、体育仲裁或者法院法官行使，更有利于补充判例法之不足。而对于大陆法系国家来说，体育法基本原则由国家立法机关予以确认有助于在国家制定法的基础上，通过增加法律规范的弹性，以弥补成文法律规范的刚性所产生的不足，进而增加法律的生命。

第四节　体育法基本原则的存在形态

在前面的论述中，我们清楚地认识到由于体育法基本原则在发现、生成的路径及表现形式上都存在着诸多的差异。有些法律原则以隐性的方式存在于人们的道德意识之中；有些法律原则以散见的方式存在于学者的各种理论学说之中；有的法律原则以先例的形式存在于法官的判决书中；还有很多的法律原则已经相对成熟并获得成文法典的认可，进而上升至“制定法”的层面。

[1] 李可.论法律原则的生成[J].宁波大学学报（人文科学版）,2004,17(4):129-134.

[2] 王源扩.财政法基本原则研究[D].中国人民大学,2001:25-28.

根据体育法学者长期探索的成果，以及对法理学中的法律原则存在形式的参考，笔者认为体育法基本原则应该存在以下四种形态。

一、成文法中的明确宣示

成文法中明确宣示的法律原则在现行宪法、法律、法规和地方性规章之中得到了直接而又明确的认定。例如，我国《宪法》第2条关于“中华人民共和国的一切权力属于人民”的规定，这为体育法保障体育权利指明了方向；但遗憾的是，现行《体育法》中没有明确提出，甚至没有出现“体育权利”之词，建议在《体育法》修改时能够进入总则，明确宣示。虽然《体育法》的总则中没有明确提出“基本原则”，但从实践情况和学者们的理论研究来看，体育法基本原则在《体育法》条文上还是有所表述，“九原则”“八原则”就是最有力的证明，只不过是因为《体育法》的滞后性，这里的部分原则在现代体育的意义上也显得过时和陈旧。与我国《刑法》《民法》的总则部分均明确宣示了基本原则一样，2016年颁布的《体育发展“十三五”规划》的第5条明示了“基本原则”，在《加快发展体育产业 促进体育消费的若干意见》的总则第2条也明示了“基本原则”。体育法条文中的基本原则明确宣示，为整个体育法基本原则的研究提供了参考和依据，这些法律原则都以成文法的形式得到了确认，一般表现为该法律领域所包含的基本原理和行为准则，体现了法律本身所固有的综合性、统一性、稳定性等特征。这些法律原则不仅为人们理解和运用法律提供了价值指引和较为宏观的指导，而且在体育活动和体育纠纷处理中对于解决这一领域的法律问题也具有重要的意义。

二、体育纠纷判决中的惯例

在属于成文法系的国家中，法律原则大多是法律明文规定的，但是在属于判例法系的国家中，法律原则则大量存在于裁判者所做出的判决之中。体育法具有国际性和普适性的特点，决定了体育法基本原则也应当符合这个规律。例如，国际范围内的兴奋剂问题，适用于严格责任原则，即不论运动员是出于何种原因而引起的尿检阳性，均认为服用了违禁药物，违反兴奋剂条例，虽然有“误服感冒药”“对手故意陷害而投放药物”等事件的发生，但是最终也不能改变服用兴奋剂的违规行为的判定。美国属于传统的判例法系国家，许多没有成文法化的法律原则，也往往是借助于法官对典型性案件所做出的判例来体现的。因而在若干不同的国体以及法律制度中，其中某些最引人注目甚至辉煌的时刻，往往是在某个高级法院对某个抽象原则表示认可的时候。这些法律原则不仅来自于法官司法裁判的实践，而且在司法裁判的实践中获得了一致的遵守，因而具有了相当的合理性。这种法律原则也会形成典型的案例指导着法官的司法裁判，因此获得了法律效力，这样的指导性案例有助于完成同案同判这一法治追求。

在这里，有一点需要强调的是，体育纠纷中的惯例可以作为某一领域或某一类型体育纠纷的处理原则，这些原则在体育法律实践中发挥了很大的作用和价值，但是这些原则很难上升为体育法的基本原则，因为它不能贯穿于整个体育法律体系中，可以称之为某一领域的具体原则。

三、隐含于成文法的推论

一般而言，隐含于成文法中的体育法基本原则很难在现行制定法的表面条文中找到。它需要人们以宪法和法律等成文法的文本为载体，通过运用论证和推理的方式予以发现、识别和适用。尽管这一类别的法律原则是隐性的，但并不影响它能够作为制定成文法的牢固基石，因为成文法的生成需要通过一套非常繁杂的程序和严密的规则才能制定出来。尽管其中的法律规范是立法者考虑现实社会生活的需要后做出的一种法定反映，也尽管立法者在立法的过程中需要努力向法律规范的社会适用性靠拢，但毫无疑问的是，制定法的稳定性仍然是其根本性的追求。这意味着从根本上来说制定法很难与经济社会发展的需要完全一致，不可避免地带有一定程度的滞后性。那么一旦这些法律需求得不到满足，就需要探求法律规范背后所代表的立法者的意旨，也就是从当时法的历史背景中加以考察，从这个角度来看，相应的体育法基本原则就在这探讨和推论的过程之中被合理地推论出来。

以我国的立法为例，在现行宪法法律条文中，我们很难直接找到人民主权、人权保障、司法独立、无罪推定等这些概念的法律条文。同样在体育法的条文中，没有成文法明文规定并不意味着这些体育法基本原则不存在，只不过这些体育法基本原则以隐性的方式存在于当时的立法者意图中，或者必须通过其他的具体条文才能推论出来。

四、法律价值观念的具体化

将法律观念具体化而形成的体育法基本原则，既不是来源于成文法的规定，也不是根据宪法和法律推论出的结果，而是存在于制定法之中，与法律规范、法律目标的实现有着密切联系的价值观念体现。这不仅可能包含了法律原理，也可能包括存在于日常生活中的事理所蕴含的“法理”；而且也是一种建立在人们的信仰、理念，甚至理想之上，一般难以通过逻辑的方式予以证明的价值体系。虽然这些体育法基本原则缺乏成文法的明确规定或者规范化的表述，甚至都不能算是成文法的理念基础或者法律规范的基本价值；但它们往往在社会中享有高度的共识性，因而使得它们在法律价值的体系中占有很高的地位。同时，这类体育法基本原则与其他法律原则的约束力不同，它更多的是建立在人们的理念和信仰之中，存在于法律职业群体和公众当中，存在于不受时间约束的、适当性的思想意识之中。除非适用成文法会造成极其不公正的后果，且没有其他类型法律原则能够适用，否则不能直接援引这类法律原则以防止破坏法的安定性和造成司法权的肆意扩张。

当今实证主义法学派的代表人物约瑟夫·拉兹指出，每一条法律规范必然包含规范作用，也包含社会作用。规范作用的获得是由于法律所具有的规范性质，社会作用的获得是因为法本身所具有的或预期产生的社会效果[1]。基本原则是我国每个部门法中都有的内容，确定某一部门法的基本原则内容时会产生诸多不同的学说。产生了以立法为依据、以法学理论为依据、既以立法规定又以法学理论为依据确定基本原则的诸多学说。若一部法律已经颁布，确定其基本原则的内容可以有法律条文上的依据，但若一部法律还没有制定出来，就失去了成文法中的依据，只能依据法学理论和探求立法者的目的来确定。虽然我国有《体育法》的立法，但是1995年颁布的《体育法》的象征意义大于实践意义，况且经过20余年的发展，我国的体育事业和管理体制也发生了很大的变化；所以仅仅依靠现有的《体育法》文本内容来确定基本原则，肯定是不合理的。笔者认为，应该参考《体育法》文本内容，充分考虑体育现实及改革方向，依据法理学理论来确定体育法的基本原则。

我国法律学者一般都认同法律原则的存在，对部门法基本原则的生成、确定与释明乃是我国法学理论内容研究的重要组成部分。法律原则是为法律规则提供某种基础或本源的综合性的、指导性的价值准则或规范。法律原则与法律规则有着很大的区别，法律规则是具体确定人们权利与义务的准则，具有微观指导性、直接适用性、明确性、确定性及可预测性等特征。而法律原则是可以作为规则的基础或本源的综合性、稳定性原理和准则，具有宏观指导性、覆盖面较宽及稳定

[1] Joseph Raz. On the Functions of Law[A]. A Simpson. Oxford Essays in Jurisprudence(2nd Series) [M]. Oxford: Clarendon Press,1973:280.

性较强的特征[1]。

体育法在制定和颁布后必然要进入裁判领域，成为法律适用的实体法，只有这样，体育法规范才能够得以有保障地实现。在我国现行的法律运行体制下，法官裁判案件都必须依法审判，严禁法官造法。这就是说，现行的制定法要事无巨细地规定将来可能发生的一切事情，并对其有所安排，这样法官才可以根据已有的规范对所有的案件做出裁判，从而完全排除司法自由裁量权的存在[2]。然而设计出这样完美无缺的法律制度只能是我们的梦想，是一种空中楼阁的存在，而不可能成为现实。在现实中我们所面临的是如此众多的、有遗漏的法律规范，因此完全排除法官的自由裁量权是绝对不可能的，它只会导致更加不公正、不合理的法律结果的出现。体育法的基本原则有一定的弹性和开放性，能够随着时间的变化而使内涵加以改变；但体育法的基本原则并不是一个完全开放的领域，它有一定的封闭空间，可以限制法官的自由裁量权。因此，依据体育法基本原则做出的判决能够满足公平和公正的条件，是能够令人信服的。总而言之，体育法的基本原则是一种可以弥补制定法局限性的特殊法律规范。

[1] 张文显.法哲学范畴研究（修订版）[M].北京:中国政法大学出版社,2001:49-55.

[2] 林立.法学方法论与德沃金[M].北京:中国政法大学出版社,2002:138-142.

第五章　体育法基本原则的价值取向

法律毕竟是一种“人造物”，它不可避免地内涵着作为理智的存在者的人对于善和恶的判断，因此，法律是规范而不是纯粹的事实，以法律规范为研究对象的法学属于实践智慧而不属于自然科学意义上的科学。以自然科学的方法像研究纯粹事实一样研究法律问题的法学流派将会扭曲法律，背离作为实践智慧的法学。正如德沃金所说，对于事实和策略的强调（的法学）将以扭曲法理学的问题而告终，这种扭曲与英国的原理方法扭曲法理学问题一样，也就是将形成法理学核心问题的道德原则剔除出去[1]。

当然，这是一种根本的解决之道。但是，问题在于，这是不可能的。原因在于，人是一种理性的存在者，不仅活着而且要活得好一点。人的生存目标并不仅仅在于享受存在的好处，更为重要的是存在需要明确的意义。仅仅活下去对我们的生命来说是不够的，人类通过对意义的要求和对生存品质概念标准的追寻而超越动物的生活[2]。这就是说人之为人的本质或关键在于他或她有尊严和有价值地活着，因为一个人过有价值和尊严的生活是可以超越成为健康人的欲望的。在这种意义上来说，只有人才追问和追求价值。

既然追问意义和价值是人存在的本质，那么，作为“人造物”的法律就不可能没有追问的意义和价值。因此，问题的关键不在于剔除价值和道德判断，而在于我们怎样将价值和道德判断的主观性限制在最小的程度上，从而最大可能地保障法律决定的可预测性。这就意味着，我们主张人的理性对价值可以做出认识，道德不是纯粹的主观的或情感的东西；但是，这并不意味着我们主张通过人的理

[1] Dworkin: Taking Rights Seriously [M].Harvard University Press,1978:4.

[2] Morrision: Jurisprudence: from the Greeks to post-modernism[M]. Cavendish Publishing Limited,1997:16.

性就可以建立一个完全客观有效的道德或法律秩序。

体育本身是一种身体活动，参与到社会中形成游戏及规则，经过不同时期的发展，形成现代体育事实，体育自身的生命力实际上就在于社会的实践，体育法的产生和发展更是离不开社会的影响和作用。体育法基本原则是以法学范畴及其反映的法律现实所蕴含的价值因素和价值属性为对象，并在此基础上剔除过时的价值意义或者赋予新的价值意义。

虽然成文法总是存在不完善之处，但法官在裁判过程中必须把适用实在法置于最高的位置，只有当人们对适用某规则的排斥呼吁显示出巨大的力量时，法律原则才有可能优先于法律规则。这时，法官需要在促进社会正义与维护成文法的权威性、安定性之间做出价值比较和选择，综合考量各种因素后做出判断。因为人们要想追求法律的绝对公平就不能死守着法律规则的确定性不放，如果某一法律规则在适用中不断造成不公正结果，那么这个法律规则必须被加以修改或者重新制定，也就是说，法官必须使用包括法律原则在内的方法重塑法律的精神[1]。

第一节　法律原则的价值取向

从法理的角度来看，“法”可以分为四个层面，即法律价值、立法目的、原则、规则。《体育法》第1条就规定“为了发展体育事业，增强人民体质，提高体育运动水平，促进社会主义物质文明和精神文明建设”，这应该属于立法目的层面。法律原则作为一种存在价值，必然以一定的实然形态表现出来，并由一定结构的语言形式加以表述。海德格尔有一句名言——“语言是存在的寓所”。在他看来，思想总是通过语言显现的，“思想是存在的展示”“存在在思想中形成语言”。虽然海氏的语言存在论有客观唯心主义的倾向，但他对语言与存在关系的揭示是非常深刻的。要研究法律原则的存在问题，就不能不探讨表述法律原则的语言特征。

考察现有法律原则的语言表述形式，我们发现大致可以将其分为两种类型：一种是近乎纯粹价值宣示的表述形式，从这类原则的表述上看，并没有明确要求人们应该怎么做和不得做什么，如法治国家原则、和谐体育原则、追求正义原则等；另一种是规则化的表述形式，这类原则的表述形式直接提出了什么是应该的

[1] E.博登海默.法理学——法律哲学与法律方法[M].邓正来,译.北京:中国政法大学出版社,1999:526.

或不应该的，但不像规则那样有具体明确的事实构成，如不得从违法行为中获利原则、技术性事项不予审查原则、兴奋剂严格责任原则等。

如何看待这两种表述类型呢？句式的差异是否意味着两者本质上的不同呢？如果确实存在本质上的不同，岂不是意味着前面对法律原则本质概括的破产？

其实，经过仔细分析我们就会发现：两种类型的原则表述并没有本质上的不同，相反，表面的差异却凸显出两者在本质上的统一。就第一种原则表述而言，为什么能做出法治国家、正当法律程序、平等、诚实信用、法律安定性和个案正义等价值宣示呢？理由或前提在于这些价值（X）是好的或善的（good），或者说这些价值宣示蕴含着X to be good（这些价值是好的或善的）这一前提性或理由性的表达式。就第二种类型的表述看，似乎符合ought to be（应该如此）这一规则表达式，但其所表达的之所以仍然是原则而不是规则，主要原因不在于该表述缺乏规则的明确事实构成，而是因为这里同样隐含着X to be good的价值判断作为前提或理由，否则ought to be就成了无源之水与无本之木了。比如说，前列“不得从违法行为中获利”“权利不得滥用”“尊重人类尊严”等原则分别隐含着“从违法行为获利是恶的”“滥用权利是恶的”“人类尊严是善的”等价值判断前提。

另外，第二种类型表述包含着ought to be表达式，似乎更能体现法律原则作为行为导向存在的本意，而第一种类型表述并不符合此表达式又作何理解呢？或者说，X to be good与ought to be之间是如何沟通的呢？

虽然“好的”和“应该”不是处在同一个层次，但两者是存在沟通可能性的，就是“应该”常常以“好的”作为正当性根据，而“好的”常常通过“应该”来体现与落实。具体而言，就是以“好的”为价值前提，以一定类型的事实或经验为事实前提，通过价值论证而得出“应该”。因此，to be good是作为ought to be这一行为选择的价值前提出现的。

值得注意的是，说“to be good是作为ought to be这一行为选择的价值前提出现的”，并不是说ought to be是主体的唯一行为选择，准确地说，只是多种行为选择中符合to be good的一种。事实上，这种选择应该是有条件的，并不是to be good的当然唯一的选择结果。即使是类似于“从违法行为中获利是恶的”这样的价值判断，也不意味着是无条件的“不应该”，比如说此处所违之“法”本身就是恶法。

为什么会出现这样的结论呢？黑尔在论及道德原则与非道德原则的重要差异的缘由时曾指出：我们无法超越人的存在，因此就无法超出道德原则对我们的要求。道德原则是人之所以为人的原则，而不是作为建筑师或击球者的人的行为原则。如果道德原则与我们自身行为的方式没有一种潜在的联系，它们就不可能为人们所接受。这一理由对于体现基本道德价值的法律原则同样适用，这也符合了休谟所揭示的事实与价值分离关系[1]。法律原则的出现同样是为了服务于人之生活目的，并以此为基点用于引导人的行为，这也是法律原则能够成为人之选择与行为的理由。

法律原则的价值应该包括正义、自由、生存。前面我们已经指出，生活的本质在于创造，而创造的基本前提又在于“自由”，也就是说，没有自由也就无所谓生活的创造，没有创造也就无所谓有目的的生活。因此，自由是有目的生活的基本前提，而“生存”本是生活的基础；因此，没有生存也就无所谓生活的目的，生存也是生活目的得以形成的基本前提。正因为如此，有伦理学家指出“自由”与“生存”是个前伦理学问题，并认为：如果把自由看作某种价值，这仍然是对自由的贬低。自由和存在一样是各种价值的前提。不过，这并不妨碍我们将“自由”和“生存”当作满足幸福生活目的的前提条件。然而，我们知道“自由”与“生存”均是“易碎品”，人类历史上自由被专制所践踏、生存为暴力与贫困所剥夺的现象是屡见不鲜的，以至于反复出现为了自由与生存的斗争与革命；因此，法律必须如同维护正义一样，也维护自由与生存。

可见，“自由权利”“生存权利”“正义”与生活目的有着非常特殊的关系，实乃幸福生活目的的第一层需要。由此观之，自然法理论将体现这些基本价值要求的基本权利（如思想自由与表达自由、生命权与健康权、平等权与公正审判权等）归结为天赋人权，“人权法”也将其列入基本人权的范畴，恐怕并不是一种偶然与独断。

显然，前述三种基本价值是从保护生活目的所需自由前提、生存基础及物质与社会条件等消极层面得出的，并主要借第一代人权范围表达出来。若是从促进和改善生活目的所需前提、基础与条件的积极层面出发，这同样十分必要与意

[1] 大卫·休谟(David Hume, 1711—1776)，曾经在其经典性著作《人性论》中提出:“在我所遇到的每一个道德学体系中，我一向注意到，作者在一个时期中是按照平常的推理方式进行的，确定了上帝的存在，或是对人事作了一番议论；可是突然间，我却大吃一惊地发现，我所遇到的不再是命题中通常的‘是’与‘不是’等联系词，而是没有一个命题不是由一个‘应该’或一个‘不应该’联系起来的。这个变化虽是不知不觉的，却是有极其重大的关系的。因为，这个应该或不应该，既然表示一种新的关系或肯定，所以就必须加以论述和说明；同时对于这种似乎完全不可思议的事情，即这个新关系如何能由完全不同的另一些关系推出来的，也应当举出理由加以说明。”此即所谓价值(“应该”或“不应该”)与事实(“是”或“不是”)两分的发现，并形成了价值能否从事实中推导出来的著名伦理学难题与争论。

义重大，它标志着人类谋求幸福生活达到了一个新的层次与境界，并由此可以引申出众多体现积极价值的基本人权。比如说，从谋求人的自由更充分实现出发，我们应该确立工作权与休息权；从谋求人的生存状况有更大的改善出发，我们应该确立健康保障权，而不仅仅是消极的生命健康不受侵害的权利；从谋求更好的物质与社会条件出发，我们应该确立发展权与环境权，而这些基本上体现在第二代、第三代人权范围中[1]。此外，还有许多权利可以在自由前提、生存基础及物质与社会条件的共同作用下推出，或者根据已有的基本人权推出。当然，这并不是有关目的与价值独奏的结果，同样是以一定事实条件的存在为前提的，很有可能恰恰是这些事实条件的演变才推动和成就了前述价值与原则。

因此，我们可以说自由权利、生存权利、公正等是法律所应保护的消极型价值，而工作权、受教育权、健康保障权、体育权、发展权与环境权等是法律所应维护的积极性价值，都应成为法律原则的基本内容，并将体现这些内容的原则作为法律的首要原则。这样，我们就从伦理学角度确立了行为应遵循的基本价值，并将其凝聚于法律原则中。由此，法律就有了道德上的正当性基础，而其他更具体的价值、原则，甚至规则，则是在此基础上展开的。

法律规范的制定必然蕴含了立法者对社会关系所预设的价值，体育法基本原则属于法律规范的构成要素，必须并且也一定会体现体育法制定的价值导向。总结体育法的基本原则，要求首先落实在价值筛选时确定参照点。笔者认为，体育法价值筛选的参照点应当立足于体育权利。从权利证成的角度看，体育权利既表现了法律规范所预设的道德正当性，同时又具备了人们对体育法律现实的诉求。

第二节　体育法基本原则的功能

一、对体育立法的指导功能

体育法基本原则本身需要成文法律来赋予，它一旦得到法律上的确认就反过来对整个体育立法、司法发挥重要的指导功能和裁判功能。在当前我国体育立法不甚完备、社会经济发展比较迅速的情况下，即使是那些还没有规定在成

[1] 人权大致可以分为三代：第一代为公民权利和政治权利（公正审判权、思想自由、表达自由等）；第二代为经济、社会和文化权利（工作权、受教育权等）；第三代为发展权、环境权等。参见国际人权法教程项目组编写的《国际人权法教程》（第一卷），中国政法大学出版社，2002年版，第5页。

文法之中的体育法基本原则的内容，如果能得到大多数人的认同，而且又能在我国宪法的制度和精神之中找到其根据，那就可以作为我国体育立法的指导和依据。

体育法基本原则的指导功能，来源于它与宪法原则的紧密联系及其自身内容方面的内在规定性。体育法基本原则本身的确定，离不开宪法原则这一根本的渊源；而体育法基本原则内容方面的特点，就在于它承载着我国宪法和法律体系的基本价值和根本要素。这些价值和要素如果仅仅停留在宪法的规定之中，就不可能得到实现或维持。正是通过部门法基本原则对该部门立法的指导作用，宪法的基本原则才能得到具体落实。因此，如果说体育法是一个法律规范体系的话，那么，在这个体系之中，体育法基本原则虽然也是一种类型的法律规范，但由于它与宪法和整个法律体系的内在联系更密切和直接，因此它在内容上较其他体育法律规范更根本和重要，而且在法律效力上也更高。体育法基本原则内容的根本性和重要性，决定了它对其他体育法律规范制定和修改的制约作用；而体育法基本原则更高的法律效力，则是保证其对体育立法的指导功能得以实现的主要法律机制。

体育法基本原则对体育立法的指导功能主要表现在以下几个方面：①体育法基本原则是判定体育法律体系中某项体育法律制度是否应当建立及如何建立的法律准据。如果某项体育法律制度的建立或其建立的具体模式与体育法的基本原则不相符合，那么，从体育法基本原则具有更高的法律效力并代表着体育法乃至宪法和整个法律体系的根本精神来看，就应当废除或修改该项制度；反之，则应当建立或完善某项相应的体育法律制度。②体育法基本原则是指导体育法规范体系趋于完备的指针。在绝大多数情况下，体育法律规范和其他部门法的规范一样，是整体性的、统一性的。从体育法基本原则的要求出发，可以使我们从体育法规范体系统一作用的角度着眼，审视体育法律规范体系的整体功能，弥补其漏洞，纠正其错误。③从立法过程的时间维度来看，从体育立法规划的制定，到具体体育法律、法规草案的提出、审议和通过实施，乃至体育法律、法规和具体体育法律规范的废除或修订，都需要一个明确、统一的指导依据。法律规范的内容越是一般化和抽象化，它对客观的社会物质生活条件的依赖程度就越低；反之，法律规范的内容越是具体，它对社会物质生活条件的依赖程度就越高。因此，社会经济生活条件的某些变化可能会使得具体的体育法规范不再适宜，但体育法的基本原则由于其较高的抽象程度，却仍可以适用。在这种情况下，体育法基本原则就是修订和完备立法的直接指导依据。由此可见，体育法的基本原则是构筑体育立法体系不同阶段上的统一的指导原则。体育法基本原则的稳定性特征，将保证不同时期的体育立法在根本性质和基本价值取向上保持一致性。④从体育立法的空间维度来看，在我国这样一个大国，体育法的基本原则也是指导地方性体育法规与国家体育立法在基本方面保持一致的重要依据。如果说体育法的某些具体法律规范可以由地方作变通规定的话，那么，体育法基本原则作为我国体育法本质的集中体现和根本指导原则，应当在地方性体育立法中得到一体遵行。

体育法基本原则对体育立法的指导功能具有重要的意义和作用。这一功能的实现，能够保障我国宪法的原则和整个法律体系的根本性质和基本精神在体育立法中得到体现和落实，从而既能保证体育法成为我国法律体系中与整体和谐一致的有机组成部分，又能确保其在法律体系中发挥应有的整体性功能。同时，体育法基本原则对体育立法的指导，也使得体育法律体系自身能够成为一个内部相互协调、和谐一致的规范体系，从而能更好地统一发挥其对体育关系的规范和调整作用。

二、对体育法律适用的制约功能

体育法律规范的适用，是指人民法院运用体育法律规范处理与体育有关的各种诉讼案件，如税务争讼、涉及体育关系的刑事诉讼和行政诉讼案件。体育法基本原则对体育法适用的指导功能，来源于其对体育立法的指导功能。既然体育法的具体法律规范是在基本原则的指导下制定的，那么，它的精神实质也理所当然地要按照基本原则的内在要求来阐释。同时，在体育法基本原则已由体育立法明文规定的情况下，应当将其视为相关的全部体育立法的具体立法目的和意图的宣示，在这个意义上，可以把体育法基本原则视为立法者向法律适用者传达其具体立法目的和立法意图的工具，因而也应当将其作为法律规范精神实质的解释依据。正确地解释体育法律规范的精神实质，是其得以正确适用的前提。

体育法基本原则对体育法适用的指导，不仅表现在体育法律规范精神实质的解释方面，还表现在对体育法律规范内涵甚至词语的解释方面，以及对体育法适用效果的引导方面。就体育法律规范含义及词语的解释而言，语言文字本身固有的抽象性、模糊性和歧义性，决定了法律含义和用语的解释乃是法律适用过程中的必然环节。就绝大多数情况而言，无论多么高明的立法者，也不可能使立法中的规范在含义和用语方面无需解释就可以直接适用。如果某一体育法律规范的含义或某一用语不甚明了，或者可以作多种解释，那么，从体育法基本原则的地位和体育法律体系整体的功能要求出发，法律适用者或解释者应当努力做出或选择做出更加符合体育法基本原则要求的解释。

关于体育法基本原则对体育法适用后果的引导，主要表现为法律适用者在其自由裁量权限之内，根据对某项事实适用体育法规范的可能结果与体育法基本原则要求的吻合程度，来决定如何适用体育法律规范，从而使体育法律规范适用的总体结果符合体育法基本原则的精神和要求。如果对某一事实以某种特定方式适用体育法规范，可能会导致与体育法基本原则的精神和要求根本相违背的后果，那么，如果没有超越法律适用者自由裁量权限范围的话，就应当改变法律规范的适用方式。

如果体育法的某一个法律规范与体育法的基本原则产生了冲突，或者社会经济情况的变化使其法律规则适用的结果与体育法的基本原则相违背，法官在这种情况下是否可以不适用该法律规范而适用体育法的基本原则呢？对此问题持肯定说的学者认为，由于法的基本原则代表着人类最高理想，因此当具体法律规范的适用与此理想发生冲突时，法官应排除该规范的适用而适用体育法的基本原则。而否定说学者则以防止法官滥用权力和保持法律稳定性为由，不赞成适用法律原则。笔者赞成肯定说，因为法的基本原则与一般的具体法律规范都是由法律规定的，只不过法的基本原则较之于一般规范具有更高的法律效力。法院只会在极少数例外的情况下，经过最高人民法院核准之后，才会排除法律规则的适用而直接适用法的基本原则。这是一种司法行为，保持了较高的谨慎性，并没有违反我国的宪政体制。同时对法院来说，由此导致其滥用权力的可能性并不比一般地赋予其司法权所能导致的滥用权力的可能性更大。至于保持法律稳定性的理由也不能成立，因为法律最高精神和基本原则的稳定较其具体条文的稳定更加重要。

三、对体育活动的指导功能

法的基本原则对守法的指导功能得到了各部门法学文献的一致认同。就体育法基本原则而言，它对体育活动的一般指导功能主要表现在以下几方面。

首先，体育法是规范各种体育活动的。然而，体育活动的种类复杂多样，其背景千变万化且随着时代的发展而变迁；同一种体育活动，其后果也因时间、地点和条件的不同而有很大差异。因此，体育立法中不可能一览无余地包括规范所有体育活动的法律条文。在体育立法对某一事项没有具体规定的情况下，体育法的基本原则及其在该特定背景下的要求，可以成为体育活动主体行为的可靠引导者。因为即使将来体育立法对此事项做出了规定，也不大可能使其适用的结果违背体育法基本原则的要求。同时，在司法实践中，对立法确无具体规定而又必须处理的案件，人民法院可能会按照体育法基本原则的要求来处理，或直接适用体育法的基本原则以弥补立法漏洞。因此，体育活动主体在立法没有具体规定的情况下按照体育法基本原则的要求进行体育活动，可以最大限度地减少法律上的风险，既符合主体的自身利益，也符合国家和社会利益。

其次，对体育活动的绝大多数一般参加者来说，既不可能也没有必要牢记全部的体育法律规范。由于体育法基本原则凝缩了体育法的根本精神和基本要求，因此，它是指导体育活动主体进行体育活动的简明扼要的根本准则。在绝大多数情况下，按照体育法基本原则的指引进行体育活动，即使不了解体育立法的具体规定，一般也不致引起严重的法律后果。

最后，即使体育立法对某一事项做出了规定，不同的体育活动主体也可能会有不同的理解。对那些希望了解体育立法内容的主体来说，体育法的基本原则是他们把握体育立法精神实质的钥匙。

四、立法漏洞补充功能

随着社会经济生活的迅速发展变化，体育立法不可能面面俱到地事先为所有体育活动制定出相应的法律规范。这样，在体育行政执法和司法实践中，就会面临一些处理上“无法可依”的事件或者案件。对这类事件，可否直接援用体育法的基本原则来处理呢？换言之，体育法的基本原则是否具有立法漏洞补充功能呢？在民法学上，关于法律无具体规定的民事案件可直接援用民法基本原则来处理，基本上已成为学者们的共识。然而，体育法有其区别于民法的自身特点，它的调整对象在内容和结构上比民法的调整对象更复杂；在调整手段上，它主要是通过体育内部处罚和行政诉讼来适用；就法律调整的后果而言，在一般情况下，对体育争议的处理不仅仅只涉及有关当事主体自身的利益，还常常涉及国家和社会的整体利益。因此，对体育法基本原则立法漏洞补充功能的有无及其如何发挥作用，有必要进行具体分析。

首先，凡是涉及体育管理体制和各级各类国家机关体育权限的事项，可以由体育法的基本原则来做所谓漏洞补充。因为此类事项不仅仅属于体育法规范的内容，也同时属于国家宪政制度的一部分，需要与宪法等国家法体系保持高度一致。同时，在体育权限的问题上，根据我国《宪法》第2条“中华人民共和国的一切权力属于人民”的规定，任何国家机关都不得仅仅根据某一项法律原则就主张其享有某种权力。职权法定是现代法治国家的一项重要观念，也是民主原则的必然要求。国家机关的体育权力，必须有法律上明确、直接的根据或授权。

其次，凡是只涉及对具体体育行政关系进行规范的事项，可以运用体育法的基本原则进行立法漏洞的补充。体育法对这一类体育关系的调整，主要是通过体育行政执法来实现的。以体育行政体制为例，在某一具体的体育法律关系之中，体育行为人是否违法及如何处理，对体育行为人是否需要采取强制措施，行为人对处理结果不服的，可以申请行政复议；对行政复议决定不服的，还可在法定期限内向人民法院提起行政诉讼。人民法院在处理这类行政诉讼案件时，也应当认可体育法基本原则在相关立法无具体规定时作为具体行政行为法律根据的合法性，因为体育行政机关适用法律，包括了适用体育法基本原则的含义。

最后，体育立法没有具体规定时，可以援用体育法的基本原则作为对其进行规范的依据，特别是体育内部纠纷解决过程出现的规则漏洞，如“因消极比赛取消羽毛球运动员奥运参赛资格”事件，没有具体规则规定“消极比赛”的规范标准，就需要“违反体育精神”这样的原则性规范作为依据，对现有规则进行补充。

综上所述，各类具体体育关系具有不同的特征，因而体育法基本原则在不同体育关系领域是否能够及如何发挥漏洞补充功能，也不可一概而论。以上的初步研究，可以作为我们的一般判断标准。

第三节　体育法基本原则蕴含的价值观念

自古希腊柏拉图和亚里士多德以来，法一直被赋予公平、正义的价值。在不同的历史阶段，生活在不同意识形态下的不同人却对法的价值具有不同的理解和看法，这实际上就是法价值观的作用。法学范畴研究的客体是历史上和现代的法学家主观思想的产物。法学家的头脑中根本不存在价值真空或者价值中立，他们在提出或阐释法学范畴的时候，都是以某种现实的法律实践或理想的法律实践为基础的，都渗透着一定的价值取向和价值观念。法律原则之所以能够成为指导法官、执法者行使自由裁量权的重要依据，源于其蕴含的法的价值观念。德沃金法律原则理论的贡献之一，就是揭示了法律原则的实质是人类的一些基本道德要求，明确了法律原则同道德之间的关系。法律原则产生的最终原因是法律的规则普遍性、确定性和纷繁复杂的社会生活之间的矛盾，从这条思路出发可以看出，法律原则的产生带有必然性，而不是历史的偶然。时至今日，时代也赋予了法价值观念新的内涵与意义，既有终极价值（如正义、文明、人类进步、善、公共幸福等），还有一般价值（如自由、民主、秩序、和平、安全、人权、效率等），也有法的自身价值（如有效、便利、明确、稳定、统一、合理、实用等）[1]。

体育法学作为法学的一门学科，一定要遵循法的价值；体育法作为一个独立的部门法，且根据前文论证，体育法具有社会法属性，必然有其自身的价值取向。因此，法所具有的自由、公平、正义、秩序等价值观念是任何法都普遍具有的，体育法也不例外，但是体育法主要是调整体育领域内的法律关系，有很多不同于其他部门法的特点。鉴于此，笔者认为体育法基本原则最为重要的两个价值观念是公平正义观念和社会本位观念。

一、公平正义观念

正义是人遵守规则的品质。正义是此个体与彼个体关系中要实践的美德，像其他美德一样，正义是我们能够避免有碍生活的那些邪恶的品格。最早将正义视为美德的是苏格拉底，苏格拉底认为："既然正义的事和其他美而好的事都是道德的行为，很显然，正义的事和其他一切道德的行为就都是智慧[2]。"一个人要做出道德的行为，必须知道什么是道德；因此，一个人的行为是否正义取决于他对于正义的认识。可见，在苏格拉底这里，正义不再是宇宙法则，而成了支配人的行为的伦理学原则。柏拉图在继承了其老师关于正义之理念的基础上，进一步阐述了正义的概念。他认为正义是和智慧、勇敢、节制并列的四大美德之一，但是正义的美德又不同于前面所列的三种美德，它是在前三种美德都实现的基础之上，最后综合体现的一种最高境界的美德。柏拉图认为人的美德来源于灵魂所起到的作用，灵魂中的理智部分是"智慧"，激情部分是"勇敢"，欲望部分是"节制"。

人的属性是社会性，也就是说人在生存与发展的过程中必然要依赖于社会的供给，只靠单个的人是无法生存与发展的，我们在社会活动的过程中就必然会与社会中的其他人形成一定的社会关系。在一定范围内的社会共同体中，其内部成员必然有其共同的利益需求，才使共同体得以存在。但是这种共同的利益需求不能包含全部的人所有的利益需求。总有一些利益需求是每个个体所独有的，这时人与人之间的冲突就形成了。综上所述，人们在社会中总是会有竞争与合作的情形，无论是竞争还是合作，都必须要在一定的规则之下才可以正常地运行。而规

[1] 刘金国,舒国滢.法理学教科书[M].北京:中国政法大学出版社,1997:292.

[2] 色诺芬.回忆苏格拉底[M].吴永泉,译.北京:商务印书馆,1984:117.

范这些关系的正是正义原则的要求，个体自觉遵守这些规则的行为也正是正义的要求[1]。

战神阿瑞斯（Ares）是古希腊人的理想，其内涵就是“卓越”，其精神适用于所有的领域。在阿瑞斯的观念中，人应该是整体的人，具体来说就是人要有英雄般的勇武和正义感的灵魂。因此，古希腊人把身体锻炼当作人生教育的一个重要组成部分。身体锻炼包括对整个身心的锻炼，是躯体和心智的锻炼。在这样的观念下，希腊城邦拥有体育场就像拥有剧场或者军舰一样，这是一种很普及的事情。希腊人会把比赛的胜利当作狂热的追求目标，竞赛不仅能对神进行祭祀，也可以对死去的英雄进行纪念，更是激发人类对阿瑞斯崇拜的重要手段。对希腊人来说，卓越是一种优秀，是一种亚里士多德的“德性”。这种德性的特点就是具有内在性，是存在于人们内心中的，必须通过一定的外在表现形式才可以为人们所认知。而我们把这种通过外在表现形式展现出来的德性称为优胜。参与公平的竞争则是实现从内在的德性走向外在的优胜的必经之路，而如何实现这样的竞争，其表现形式就是在规则指引下的竞技体育比赛。在比赛中获得胜利通常可以获得丰厚的奖励和崇高的荣誉，这对人们的精神和物质都是一种极大的鼓励。在古希腊，尤其是大赛中的优胜者，可以获得古希腊真正英雄的称号，具有很高的地位。

在1992年第七届欧洲体育首脑会议通过的《体育伦理纲领：公平竞赛——通向胜利之路》中强调公平竞赛，序言的第2条规定：“本纲领的基本原则是倡导公平竞赛。公平竞赛是所有体育活动、体育政策以及体育管理中不可缺少的要素；公平竞赛是神圣的，它涵盖竞技体育和娱乐体育，适用于不同竞技水平和各种体育项目。”第3条规定：“本纲领是鉴于公平竞赛、体育道德、公共体育事业自愿服务运动等传统的体育基础在当今社会日益受到侵蚀，为克服当今社会中存在的上述现象而构筑的伦理性框架。”另外，《体育伦理纲领》第5条规定：“开展体育活动、娱乐青少年，提倡公平竞赛，尊重青少年的权利是团体、机构以及个人的权利和责任[2]。”

社会公平正义是我们社会主义国家法律所追求的基本价值取向之一，而社会法把实现社会公平正义作为其基本目标，实现社会公平正义不仅仅是社会法达到稳定社会秩序的工具，也是建设社会主义法治国家的应有之义。体育法具有社会

[1] 齐加将.经济法与社会法的关系探究[J].北京工业大学学报,2008,8(2):53-58.

[2] 王蒲,仇军.公平竞赛——欧洲体育伦理纲领[J].体育文史,1996,(06):50-51.

法属性，体育法所要实现的体育公平是强调社会成员之间的实质平等，不同于民商法所提供的形式上的机会平等，从而实现一定范围与程度的结果平等。体育法所要实现的体育公平具有普遍性，任何社会成员的体育权利都将受到同等的社会保障。

二、社会本位观念

在以市场经济为基本生产方式的社会里，社会主体间的合作性联系比以往任何时代都更为普遍、频繁而又复杂，广泛的相互合作与依赖导致了社会主体需求的共性成分和共同种类大大增加，也即社会本位作为一种独立的、具体的利益形态日益鲜明地凸显于现实生活之中，成为人们无法忽视的客观存在。

现代社会由于生产力和经济的迅猛发展，市场优势地位和行业垄断现象加剧，国家干预和带有限制性的公法越来越多，致使出现了私法公法化，同时也会出现公法私法化的现象，私法从权利本位向社会本位转变，它较多地表现为在传统的公法规范中，运用私法中的契约去创制具体的法律关系，出现了公法契约、公法上的经营行为，以及以私法方式来执行公法任务。这两类法律不可分离地渗透融合，从而产生了社会法[1]。社会法是指在公私法相融合的过程中产生的，以追求社会利益为本位，使用公法与私法结合的调整方法，产生的对社会整体利益进行福利性、政策性平衡的独立法域，是公法与私法之外的第三法域。

社会法是国家为保障社会利益，通过加强对社会生活干预而产生的一种立法。社会法则以社会领域中的社会利益为本位，从社会本位出发，增进人类社会共同福祉，维护社会安定，缓和阶级冲突；促进社会均衡发展，对于社会阶层中的“弱势群体”在社会资源占有权上给予保护和特别关注，促进社会利益结构的均衡化。增强人类社会的合作协调能力，需要个人的主动精神和合作能力。为了达到社会的和谐控制，在人类社会生活中，不仅要有自由竞争的市场化机制，而且要应用合作机制[2]。

社会中的体育活动恰恰表现出社会本位中的第三种功能，即增强人类社会的合作协调能力。体育法的主体是体育运动，竞赛的参加者亦为一个特定的群体。体育法隶属于社会法的法律规范已经履职于社会的多个领域，而这些法律所调整的内容又或多或少地与社会法所调整的内容有交汇之处，所以我们又可以认为：

[1] 王岩芳,高晓春.论体育法的地位——从法的体系划分谈起[J].天津体育学院学报,2008,23(1):84-87.

[2] 宋军生.体育法的定位选择[J].北京体育大学学报,2015,38(6):42-47.

“体育法是合同法、税法、雇佣法、竞争法和刑法与体育相关的法律规则的一个混合体[1]。”

从体育法体现的价值看，它同社会法的价值取向具有一致性。社会法是以公民的社会权利的保障为核心形成的部门法体系，其中所包含的立法承载的是保护公民健康、教育、社会保障、安全等权利的功能。从体育法调整对象而言，体育法对于体育权利的保护不仅体现了对个人健康、自由利益的维护，同时也关系到社会的发展，它已经超越了通常所指的社会体育、学校体育和竞技体育3个方面，同样体现了对社会利益的保护。由它们所衍生的多类矛盾冲突既表现出有悖公法和私法的调整内容与指向，同时，体育权益维护所揭示的强社会化特征及厘清此类混合冲突时所运用的法律种类的多样性，这些都促使理论界要针对该情形做出新的法学解释。

[1] 张家喜.论体育法价值目标及其实现[J].北京体育大学学报,2009,32(11):23-27.

第六章　体育法基本原则研究之再评判

本章内容是依据前文体育法基本原则生成机理和价值取向的分析，在文献资料综述的基础上，再次对体育法基本原则研究内容进行审视和评判，是对法律原则的产生与发展、原则与规则的关系等法律原则本源的写作论述的最终归宿，也是文章承上启下的重要内容。对现有体育法基本原则研究进行评判，首先必须确定评判的标准，这个标准则是对前面几章内容的总结，用以判明一项原则式的抽象规定能否成为我们所说的“体育法基本原则”。总结概括起来，体育法基本原则的立法技术特征应该综合参考以下几个标准。

第一，内容上是否具有抽象性。法律原则本身具有确定的适用范围、使用条件等内容，具有一定的抽象性，不能含有清晰的、明确的权利义务内容，否则的话，就不是法律原则，有可能是法律规则，能够独立作为产生法律关系的法律依据。

第二，适用范围上是否具有普适性。体育法基本原则在适用范围上应该具有广泛性和普适性，广泛性是指能够涵盖其所适用范围的始终，比如在国内所指的群众体育、竞技体育、学校体育、体育产业、体育文化等领域，不能是某一领域或某一部分的具体原则；普适性是指体育法不仅仅适用于中国，而且也要适用于国际体育法。广泛性和普适性构成衡量和判断客体是否成为体育法基本原则的标准。

第三，本源上是否符合体育法的价值取向。法强调的终极价值包括正义、自由、公平、秩序等价值观念，考虑体育法规范体育法律关系的特殊性，笔者在前文中提出体育法基本原则蕴含着公平正义和社会本位的观念，用以衡量和评判客体是否符合体育法基本原则的价值取向。

第四，区别上是否能体现体育法特点。体育法基本原则应该是体育法特有的原则，是能够符合其功能的原则，比如能够指导体育立法、制约体育法适用、指导体育活动、补充体育规则漏洞等功能。即使是体育法与其他部门法所共有的，也一定是在体育法中需要特别强调的原则，如公平原则。从终极价值来说，任何法律都需要公平，但是在体育活动中公平显得尤为重要，无论是竞技体育，还是学校体育比赛，甚或广场舞大赛都需要公平竞赛，否则，一切都是空谈。

在得出上述体育法基本原则的立法技术特征之后，就可以对现行基本原则进行系统的评价，这也有助于我们对体育法基本原则体系的完善。

第一节　国内体育法基本原则的再评判

对于体育法基本原则的问题，我国学者也特别关注，从“三原则”到“九原则”都分别有人提出，并且从各自的角度进行了推理论证。笔者查阅了中国知网（CNKI）关于“体育法+原则”的所有文献，截止到2016年6月30日共有170篇文章，国内出版的“体育法”相关教材类著作24本，此为2016年之前的全部著作[1]。对所有文献中关于体育法基本原则进行提取，共73条次，剔除相同、相近或相似的原则，归纳为38条，并将其分为以下几类，见表6.1。

表6.1　国内体育法基本原则汇总分类表

法条类	实践（判例）类	体育功能类	法律价值类	其他
①社会服务原则；②体育体制改革原则；③共同发展体育原则；④分级管理原则；⑤保障青少年体育原则；⑥扶持少数民族体育原则；⑦科技体育原则；⑧奖励原则；⑨体育对外交往原则；⑩依法治体原则	①保障公民体育权利原则；②限制体育行政权力原则；③公平配置体育资源原则；④体育社团自治原则；⑤体育权利救济原则；⑥技术性事项不予审查原则；⑦法无明文规定不为罪原则；⑧促进体育产业发展原则	①增进身心健康原则；②提高运动技术水平原则；③公平竞赛原则	①社会主义原则；②民主原则；③从实际出发的原则；④符合宪法原则；⑤合理比例原则；⑥实事求是原则；⑦奥林匹克主义原则；⑧和谐体育原则；⑨程序正义原则；⑩法制统一性原则	①保护主体权益原则；②维护公共利益原则；③领导和群众相结合的原则；④原则性与灵活性相结合的原则；⑤吸收和借鉴的原则；⑥体育法律责任原则；⑦创建性原则

[1] 胡旭忠,汤卫东,史全珠.国内体育法学教材的学术史考察（1984-2015）——从“思辨”到“实证”的转向[J].体育成人教育学刊,2015,31(6):49-52.

在我国体育法理论中，对体育法的原则提法颇多，大都没有把握住体育法的本质，也没有反映出体育法的特性和要义。体育立法、执法滞后是有目共睹的事实。但是将问题的根源都归结为法律制度存在的漏洞上，在将法律制定视为应当完美化的心理支配下，将一切体育问题的根源都归责于立法上的不完善，就走向了另一个极端。这个极端就是法律万能论，这是法治浪漫主义在体育研究领域的一个具体表现[1]。因此这样的理论很难真正成为体育立法和司法活动的指导思想，难以明确地指导具体体育法律关系的发生、变更和消灭。总的来说，不同的学者对体育法基本原则的内容概括有不同的见解，没有形成一个通论，上述观点代表了我国体育法学术界对体育法基本原则的研究现状。从法律哲学的角度看，这些观点依然存有缺陷，主要表现在以下几个方面。

第一，体育法基本原则确认的方法论存在缺陷，使体育法基本原则难以对体育法律行为产生应有的导向作用。法律即使制定得很完善，也仍然会存在着一定的漏洞或矛盾。况且立法往往落后于现实，立法只能在现实中发生了问题之后，才可以对相关的问题做出规定，因为立法者的理性能力是有限的，他不可能意识到以后可能发生的一切事情，于是立法的滞后性就不可避免。目前体育发展过程中出现的各种违法、违规等混乱行为，虽然法律制度的不健全在一定程度上导致了其发生，但不能把全部的责任都归咎于法律制度的不健全。现实中每当出现新问题后，人们都会惊呼，甚至指责法律制度的不健全，这实质上就是没有认清法律的真正作用，或者不能够从法律原则、立法的精神层面上理解法律的具体规定。

体育法基本原则的效力应当始终贯穿于体育法及相关法领域，而不是仅仅局限于1995年制定的《体育法》，还要涵盖和指导以后的体育立法，如学术界所提出的《体育促进法》《体育产业法》等。那么，体育法基本原则的效力也应当适用于新制定的法律，这样一来“九原则”不能适应实践的发展，则必须要做出调整。这表明了不应当从《体育法》总则的文本中去提取和抽象出体育法基本原则，相反，应当用体育法基本原则去审视乃至修正《体育法》总则。

体育学与法学最大的不同是它脱离了法律的框架研究体育，在法律之外从社会、体制等其他方面观察、研究整体的体育现象，研究体育的法律制度。如果

[1] 贾文彤,杨银田,盖立忠.我国体育法学研究中的法治浪漫主义评析[J].上海体育学院学报,2006,30(63):32–35.

说法学派是在法律框架内研究体育法，那么，体育学派则是站在法律框架之外，从法律外部因素研究体育法。法学作为研究法律规范的学科，它只能在法学范畴内研究体育法，这是由它的学科任务所决定的。然而，体育问题不仅仅只是法律上的问题，体育更是作为一种社会现象存在，是我们所必须研究的社会问题。因此，没有对体育的社会性、成因、体制等多方面的研究，我们很难全面、理性地认识和把握体育问题。两个学派应互为借鉴和融合，各自取长补短，发挥各自的优势。体育学派为法学派提供“现象问题”的素材，为其研究提供大量的问题来源。法学派为体育学派提供规范学分析和法律理论的证立，使其达到法律上的和谐。因此两者是互为前提、相辅相成的关系。

第二，体育法基本原则的特定内容仍然没有被明确地认识。被法律所确认的原则必须真实、全面、集中地反映某一类型的社会关系，具有规定性和同质性的法律调整和规范要求，这是构成法律原则客观方面的要件；被确认的法律原则必须为某一独立的法律部门或子部门明确肯定地予以认可，这是构成法律原则立法方面的要件。根据以上要点来衡量我国体育法理论确立的体育法基本原则，不难发现，已有的体育法基本原则或者缺少其中的一个要件，或者两个要件都不具备。事实上，一些被人们强加给体育法规范的“原则”，始终游离于体育法规范之外，并未对体育法律关系的发生、变更和消灭起到应有的指导作用，也未对体育法理论的发展和体育法体系的健全起到积极作用。

体育法基本原则的内容应当反映我国目前现实的体育机制，是对作为其主要调整对象的体育社会关系的本质和规律，以及立法者在体育领域所奉行的政策的集中体现。因此，体育法基本原则应当围绕体育行为或体育社会关系等内容而展开，它不仅是社会法而且还是所有法律部门都需要维护的利益，因为法律既关心属于个人的利益，也同样关心属于集体的社会利益；因此整个与社会有关的利益、需要和需求都合理地属于法律管辖的范畴。从这个意义上说，维护公共利益可以是所有部门法的基本原则而不是体育法所独有的原则。因此，诸如符合宪法原则、社会公益原则、维护公共利益原则等，都太过于宽泛，难以在法理上构成体育法基本原则。

借用其他部门法的原则，会导致体育法基本原则与体育法本质的错位。根据法律部门划分的理论，独立法律部门确立的条件是社会经济生活中现实地存在着某一类型具有特殊规定性和同类性的社会经济关系，而且尚不存在某一个独立的法律部门对其进行调整，客观上需要一个内容、性质和价值取向同这一类型的社会经济关系相适应的法律部门产生。根据这一思路，我们可以推断，不同类型的社会关系要求产生与之相适应的独立的法律部门，每一个独立的法律部门都应当根据特殊的经济关系（调整对象）的要求，确立不同的法律原则。两个各自独立的不同法律部门不应当确立内容完全相同的原则，否则既会使法律部门的划分失去意义，又使不同性质和内容的社会关系得不到有效的调整。

我国目前体育法理论确认的某些体育法基本原则恰恰违背了上述理论，表现为简单抄袭其他部门法的原则，将宪法和其他部门法的原则简单照搬地适用，如一些体育法学者提出的社会主义民主原则、符合宪法原则、比例原则、原则性与灵活性相结合原则等都毫无意义。毫无疑问的是，宪法是国家的根本大法，它所确认的原则及关于我国经济制度和管理制度的规定，应当成为立法机关确立体育法基本原则的依据，体育法的原则也应当成为落实宪法原则的重要手段。但是确认原则的依据并不等于原则本身，体育法基本原则作为体现和落实宪法原则的手段、形式，并不意味着必须照搬宪法的原则。

硬性移植民法和劳动法的原则，例如把民法的平等协商、等价有偿原则和劳动法中的按劳分配原则当作体育法基本原则是不可取的。虽然民法和体育法都是调整经济关系的法律部门，都以维护社会经济运行的稳定和秩序为己任，具有共同的目的性；同时它们各自的调整范围也不可避免地存在某种程度的交叉性，民法的内容同体育法的内容存在协调性，甚至不排除一定范围的一致性。但是，上述的一致性和相互联系并不会否定法律部门划分的理论。从基本方面看，民法与体育法只在枝节上同一，而在基点上是直接两立的，这就决定了体育法不可能硬性移植民法原则。

诚然，经济规律应当成为体育法调整和规范社会经济运行的重要依据和基本遵循，但是法律原则同经济规律毕竟是两个不同的范畴。①经济规律能够客观地反映事物之间的内在必然联系，从这一点上看，它同公理性原则具有共同的特征。不过同法律原则相比，规律有更高的概括性、抽象性，可以说是法律原则的原则。这就决定它不可能具备法律原则那样的可操作性，因此以法简单地肯定或记载经济规律并无实际意义。②经济规律反映的是事物之间联系的客观过程，不可能有目的地反映客观事物同法律调整活动的相互联系，因此它不可能同法律的适用相配合，从而为法律主体的活动提供明确的导向。而法律原则却是主观见之于客观的东西，它不仅应当充分考虑客观事物之间的内在联系，而且还应当充分注意到法律主体同客观事物之间相互联系的形式和状态，亦即法律原则对经济规律的反映形式，应当同体育法的调整对象、调整方法和价值取向等要素相互衔接，将经济规律升华为法律的精神，使法律体现的规律有具体的适应性。

第三，未明确体育法基本原则的法律属性。体育法基本原则最终要落实为法律规范并以国家强制力保障其在司法裁判中实施，因此，体育法基本原则具有法律属性但不能等同于体育本身的目的或价值。例如，虽然奥林匹克主义所呈现的内容是最卓越的道德，它传达了现代社会浓缩的基本价值：平等、团结和公平竞赛等。这样的价值理念随着我国成功举办了夏季奥运会得到了广泛的传播，一定程度上促进了我国体育法的良性发展。但是平等、团结和民主等都是过于宽泛、模糊的概念，这距离法律的明确性有很大的出入，难以在法律中得到适用。毫不夸张地说，这些甚至都成为一个口号性的宣传，只是具有价值宣示的作用。

令人惊异的是，上述各个学者的代表性观点所陈述的基本原则几乎没有一条是人们所能达成共识性的。其原因在于学术界在研究体育法基本原则时，并未对“基本原则是什么”等基本原则的内涵和范围做出详尽而又明确的论述，也没有仔细研究“体育法基本原则的生成机理”等这些根本性问题。于是，各家基于不同的立场和视角把各自认为重要的东西一律视为基本原则，各行其道，没有一个能够达成共识的基础，缺乏一个可供讨论和交流的基础。这与整个体育法学术界在体育法基本原则问题上普遍呈现出的一种各自为政的态势是一脉相承的。总而言之，体育法研究方法的缺陷，以及体育法学与法律哲学融合的不足，导致了体育法基础理论中一系列重大问题都处于充满争议、悬而不决的混乱状态。因此，体育法学术研究的展开和学科的发展必须一头对接法学的研究，一头回应现实社会的实践需要。

对体育法基本原则缺陷的分析表明，目前能够充分体现体育法的本质和要义的真正的体育法基本原则，仍处于空白或缺位状态。这既不利于体育法制的建设和发展，也影响体育法理论的繁荣。我国体育立法长期存在的法律体系内部相互矛盾，和法律规范之间相互消耗等弊端或许可以佐证这一点。体育法的发展在体育领域始终不能突破一个界限，即体育法是因体育所产生的法律，应当始终牢记体育问题是体育法的前提所在，这是体育法领域研究问题的逻辑起点，一切体育法的研究都不能偏离这个体育法的原点，否则我们将在众多的体育价值中失去自我。应当说没有体育问题的法就不是体育法，仅仅是人们主观臆造出来的法律。体育法应以体育过程中出现的各种问题为研究的中心，构造体育法的框架体系。体育现象是体育问题的表象，以经验事实为研究的出发点，对体育问题进行实证分析是体育学派的主要研究方法。虽然这种研究方法并不是一无是处，但我们在分析问题的过程中，要靠具体的经验观察和实践分析。实证研究主要依靠的就是经验分析，但这种实证研究不能仅仅从现象层面去探讨，还要在现象背后做更多的本质分析和理论归纳。

通过对国内所有体育法基本原则的研究成果进行评判，我们会发现并不是前人提出的所有“原则”都符合体育法基本原则的立法技术特征。考虑到体育法对世界范围的普适性，故针对中国政策的基本原则则要排除出来；法条类原则受到我国《体育法》的滞后性限制，也有部分基本原则不合时宜，缺乏整体性和长效性；实践（判例）类原则受到体育活动的多样化和体育法的特殊性约束，导致部分基本原则不能涵盖体育法的所有领域和方面；体育功能类和法律价值类原则受到对体育法价值取向的认识不准确、不到位、不统一的影响，部分原则难以明确地指导具体体育法律关系的发生、变更和消灭。

第二节 国外体育法基本原则的再评判

随着体育法在世界范围内的快速发展，以及我国体育法作为一个独立的法律部门已经得到社会的认可，体育法学理论正在逐步走向成熟。基于前文对法律原则理论的分析，任何部门法都存在基本原则，体育法基本原则和规则共同构成体育法律规范，这已经得到全世界范围内体育法学者的认可。限于笔者的外语水平和获取外文资料的手段单一，目前收集到的国外相关体育法基本原则的内容比较少，见表6.2。

表6.2 国外体育法基本原则汇总分类表

国际体育合同适用原则	CAS适用原则	欧盟规定体育法原则	国际体育法基本原则
①契约自由原则；②有约必守原则；③不可抗力原则；④情势变迁原则；⑤诚实信用原则；⑥保护合法期待利益原则；⑦解释合同探求当事人真实意图原则；⑧格式合同解释有利于弱方当事人原则；⑨约定、规定不明确有利于义务当事人原则；⑩法无明文规定不为罚原则；⑪平等原则；⑫比例原则；⑬善意原则	①对体育事项的司法自我限制原则；②出庭接受聆讯的权利；③无偏私的裁决机构；④善意原则；⑤存疑利益归于被告原则；⑥规则与指南的关系原则；⑦合理期待原则	①平等原则；②公平竞赛原则；③安全原则	①接近原则；②公平竞赛原则；③奥林匹克主义原则；④商业原则

米歇尔·贝洛夫在其著作《体育法》中提出了13项体育法的基本原则[1]，这

[1] 米歇尔·贝洛夫,蒂姆·克尔,玛丽·德米特里.体育法[M].郭树理,译.武汉:武汉大学出版社,2008:10–14.

些原则主要用于国际体育合同领域，另外还专门提到国际体育仲裁法庭（CAS）对审理体育纠纷案件适用的7项原则[1]。欧盟的相关文件也对体育法基本原则规定为：公平竞赛原则、平等原则、安全原则[2]。西班牙学者2008年提出了国际体育法的四项基本原则：接近原则（access）、公平竞赛原则（fairplay）、奥林匹克主义原则（olympism）、商业原则（commerce）[3]。

法学研究一般也会注重探讨现象、成因等问题。例如从历史上存在过的法学流派的研究来看，主要包括自然法学派、实证主义法学派、社会法学派、历史法学派等诸多学派的学术研究。这些法学流派的研究进路为丰富和提升法学研究奠定了深厚的理论基础，对法的解释提供了诸多有价值的研究素材。虽然各法学流派研究之间存在研究对象和研究内容的不同，但都是研究法的生成条件、法的起源、法的变迁、法的功能、目标等共性的内容。法学研究在注重现象、成因的情况下，更注重现象背后的理论构造。不管是英美法系以判例为研究的逻辑起点，还是大陆法系以法律规范的法条为研究的逻辑起点，两大法系都非常注重现象背后的理论构造，以纯粹法学派的凯尔森最具代表性，其研究注重规范体系内逻辑自洽的推理，强调体系性的构建。这对体育法理论的未来研究，有较大的指引和借鉴价值[4]。

在世界范围内对体育法概念的认识，受到社会文化和法律背景，以及体育实践的国别差异的影响，英美法系国家以判例为主，更加强调体育法在体育实践中的应用，特别是处理体育纠纷中疑难案件，提取出具体的适用原则，这是比较符合英美法系国家的实际国情和解决实践需要的法律制度体系。对于大陆法系的成文法国家来说，其体育法的规定是积极回应国际社会的共识性，和我国的体育法律制度也不尽相同。因此，对于国际体育法和其他国家的体育法律制度，我们应该积极地探索和学习，但是不能全盘否定或者生搬硬套。既要立足于中国体育发展的实际情况，采用中国法哲学术界所认同的共识话语，又要积极回应国际体育界达成的统一性的社会共识，体育法基本原则的研究应该充分考虑到体育法的普适性和国际性。

---

[1] 米歇尔·贝洛夫,蒂姆·克尔,玛丽·德米特里.体育法[M].郭树理,译.武汉:武汉大学出版社,2008:235-239.

[2] Section 3. Ground Rules to Be Followed in Field of Sports. No. 165 (2740). [S].13 Nov. 2002. Published:"Vestnesis".

[3] Ola O. Olatawura . Fundamental doctrines of international sport law[J].ISLJ,2008,3 -4:130 -143.

[4] 吕伟.一个屋檐下的体育法——体育法方法论的路径选择与思考[J].成都体育学院学报,2012,38(11):6-11.

第七章　体育法基本原则之确立

“原则的获得是通过反映一项活动的性质和意义，分析应该使那些从事活动者去做什么，并将反映分析的结果系统地表述为他们在自己的行为中必须努力满足的要求[1]”。所以，在世界风云变幻的今天，体育的社会化、产业化和国际化得到快速的发展，转变体育观念、深化体育改革、提高体育管理的科学化和法治化势在必行，体育法律法规也随着体育社会关系的快速变迁而不断做出调整。体育法基本原则的确立不是一个一劳永逸的过程，应该是不断深化的探索过程；但是作为基本原则的法律规范，也不可能朝令夕改，应该在一段时期或者更长的时期内处于一种稳定的状态。

根据国内外体育法基本原则的评判，吸收其精华，按照原则的生成机理和价值取向，笔者提出了5条原则，其中体育权利保障、体育竞赛公平是基于公平正义的价值观念；体育和谐发展、体育组织自治、体育公益促进原则是基于社会本位的价值观念。体育法基本原则应该是一个不断完善的过程，如果这几条原则的提出有意义的话，这也仅是体育法原则问题体系完善的内容之一，并不代表体育法基本原则研究的终点。

第一节　体育权利保障原则

《新欧洲体育宪章》第1条规定：“任何人都有参加体育活动之权利。特别保证任何个人在安全健康环境下参加体育活动和身体娱乐活动的机会；保证任

[1] 马克思,恩格斯.马克思恩格斯选集（第2卷）[M].北京:人民出版社,1995:212.

何具有体育兴趣和体育能力的个人提高自身体育竞技水平，实现个人欲望的机会[1]。”体育权利是《宪法》所认定的公民基本权利在体育领域内的细化和体现，应该由体育基本法加以确认。对公民最基本体育权利的确定，能够使其他体育法规在相关法律条文的制定过程中把握“权利与义务”这一法学核心范畴。

一、体育权利保障是实现体育法治的核心

《体育法》第8条规定：“国家对在体育事业中做出贡献的组织和个人，给予奖励。”体育法强调的体育权利包括个人体育权利和组织体育权利。《体育法》修改对各种体育利益进行的重构，同样是根据社会发展和时代要求所进行的利益选择和利益整合过程。要全面而充分地反映我国当前不断强化以人为本科学发展的现代理念，坚持将尊重和保障人权更好地落实于体育发展和利益权衡之中，切实将确立和强化公民体育权利的保护作为《体育法》修改中的重要价值取向。在权利、权力和义务所代表的利益平衡中，权利本位已经成为新时期我国法治建设的突出命题，日益深入到社会理念和法治实践之中。公民权利本位是社会主义民主最本质的体现，要以公民权利为本位重构法律制度，实现公民权利的法律保障，因此，权利本位在《体育法》中也同样应当居于核心和主导地位。当然，这并不是否定或减弱体育立法的管理功能，问题的关键是将体育管理和权力行使本身作为目的，还是将其作为实现体育权利的手段。现代法治要求权力的行使必须以服务于权利的享有和实现为边界，依法界定和制约权力并防止超越和滥用权力。我们要特别注意的是，在修改《体育法》中坚持权利本位，不仅仅是要有对公民体育权利的明示条款，而且一定要在修法的全部内容中充分体现出保护公民体育权利的立法宗旨和价值取向。怎样对各种体育权利设定更加实在的保障维护措施，一些侵犯基层民众对体育场地设施享有权、使用权等行政违法行为能否真正得到有效遏制，如何建立和拓宽体育纠纷解决中相关权利的伸张救济渠道等，都需要在新修改的《体育法》所整体构建的公民体育权利保护体系中得以实现。

在我国，公民的体育权利作为宪法保护的一项基本人权，如果要落到实处，还必须要有具体的部门法来对其加以规范。一般情况下，可以将人们所拥有的权利归纳为三种存在状态，分别为法定权利、应然权利和实然权利。其中，法定权利是指法律规定人们所享有的权利；应然权利是指人之所以为人所享有的权利；

[1] 仇军. 新欧洲·体育宪章[J]. 北京体育大学学报,1996,19(01):21-23.

实然权利是指既有法律上规定的权利也有事实上的权利。在这三种权利存在的形式中，法律规范是实现从应然权利走向实然权利的纽带。因此可以说，体育法的基本原则体现了如何把自然人所享有的应然权利转化为实然权利，是通向公民基本体育权利的重要桥梁[1]。

民主法治的发展和依法治国方略的提出，标志着我国由“人治”向“法治”转变。法治的核心就是保障公民权利，限制国家权力。限制国家权力的目的也是保障公民权利。二者是法治的基本价值，而自由与权利是法治的目标价值、最高价值。法治理念体现了权利本位，而权利本位是与义务本位相对应的，义务本位在某种角度上与国家本位也是相一致的。权利本位与义务本位体现如何看待法律的问题，在价值论上相应地引发了法律工具论与法律目的论。法律工具主义在历史上存在了很长一段时间。法是由人的需要而产生，是为人而服务，而不能反过来，在价值理论上还是以人的自由全面发展为最终目的，具体到法律领域就要体现出权利理念。法治理念对体育事业发展产生很大影响，促使体育事业依法行政、依法治体，“权利本位”价值取向必然影响《体育法》的价值取向，决定了《体育法》的立法理念[2]。

二、体育权利作为一项基本人权应得到法律保障

体育作为一种权利和人权，20世纪70年代已在国际法律文件上明确提出。而在中国，将体育与权利和人权结合起来，则是在改革开放推动中国学术出现新的繁荣之后。自20世纪80年代中期中国出现了体育法学研究，有学者开始涉及体育权利的问题[3]，后又有学者进行了西方妇女争取体育权利的研究[4]，相继提出了体育权利的概念。1991年，中国政府发布的《中国的人权状况》，明确宣布“享有充分的人权，是长期以来人类追求的理想”，从生存权方面介绍了中国人口体质，特别是青少年身体发育状况明显提高的情况，与体育形成了一定的关联。随即，有学者发表了公民体育权利的专论文章，认为“在现代公民享有的广泛的文化和社会权利中，体育权利已不能不占有一定的位置。不包括体育权利的文化和社会权利，也不是完全的权利”的观点，形成了对体育权利的学术呼吁[5]。相伴

[1] 李恩慈.论教育法的基本原则[J].首都师范大学学报（社会科学版）,2007,(3):143-149.

[2] 李先燕.《中华人民共和国体育法》修改的价值取向研究[D].北京体育大学,2009:66.

[3] 谭华.试论体育的权利和义务[J].成都体育学院学报,1984,10(3):13-17.

[4] 凡红.近代西方妇女争取体育权利平等运动初探[J].体育文史,1989,(2):69-75.

[5] 于善旭.论公民的体育权利[J].体育科学,1993,(6):23-26.

于1995年《体育法》的制定颁布，公民的体育权利正式进入中国的官方话语[1]。

1997年，党的十五大确立了“依法治国，建设社会主义法治国家”的治国方略，并明确提出“保证人民依法享有广泛的权利和自由，尊重和保障人权”的执政要求，将中国的现代法治建设以及人权发展提升到前所未有的历史高度。2002年，党的十六大继续强调“尊重和保障人权”的基本方略。2004年，第十届全国人大二次会议通过宪法修正案，在现有宪法全面规定公民基本权利的同时，又将“国家尊重和保障人权”正式载入其中，使尊重和保障人权由党和政府的一贯方针上升为人民和国家的意志，昭明我国人权法治进入到一个新的发展层面。其后，“尊重和保障人权”进一步体现在《中华人民共和国国民经济和社会发展“十一五”规划纲要》和党的十七大修改的《中国共产党章程》之中，成为中国治国理政的一项重要原则。2009年4月，我国又发布了《国家人权行动计划（2009—2010年）》，这是我国第一个以人权为主题的国家规划，阐明了我国促进和保护人权的工作目标和具体措施，确定了依法推进我国人权事业发展的原则，标志着我国人权事业作为国家建设和社会发展的一个重要主题，开始走向有计划全面推进的新阶段。

在2009年上半年我国制定的《国家人权行动计划（2009—2010年）》中，包括了发展和维护体育权利的大量内容。该计划在经济、社会和文化权利保障的健康权利方面，明确提出要加强建设和明显改善城乡社区体育设施条件，广泛开展全民健身运动，健全群众体育组织，完善全民健身体系；在公民权利与政治权利保障的参与权方面，规定体育等领域要发挥社会团体和民间组织的功能；在少数民族、妇女、儿童、老年人和残疾人的权利保障方面，对儿童健康、残疾人体育健身活动等提出了要求。这一计划对体育权的重视与保障，充分显示了我国坚持人权的广泛性，对各类人权发展统筹协调、平衡发展、全面推进的原则主张，也必然对体育人权的发展形成新的促进。

我国对体育人权保护的专门立法，还表现为中央政府及其体育部门和各地所制定的各种体育法规。截止到2016年8月1日，我国现行有效的体育法法律法规、部门规章和规范性文件共184部，其中包括《体育法》《国家体育锻炼标准》《学校体育工作条例》《全民健身条例》《公共文化体育设施条例》《全国运动员注册和交流管理办法（试行）》等行政法规，多方面体现了对体育权利的保护，还就外国人来华登山、外国记者对北京奥运会的采访等进行专门立法，对非

[1] 于善旭.中国体育在人权法治的加强中和谐发展[J].北京体育大学学报,2009,32(8):1-4.

本国公民的体育权利也予以积极维护。

我们的时代首先是“权利的时代”，这已经是个不争的事实。权利并非是现代社会的产物，而是古已有之。传统社会中，在权利与义务关系中，更强调的是义务而不是权利。进入现代社会以来，权利占据了主导地位，义务退居次要地位。尤其值得注意的是，在现代社会中，人民要求的是确定的权利，而不是模糊的权利；是现实的权利，而不是假象的权利；是生活中的权利，而不是书本上的权利；是切实保障的权利，而不是难以兑现的权利。与此相应，权利需要得到法律的界定、赋予、保护和救济。诸如弱势人群的权利、少数派的权利、选择生活方式的权利及隐私权，等等。于是，贫穷者要求享有免于医疗费而能过体面生活的权利，流浪者要求享有露宿街头的权利，患者要求享有知情同意的权利，消费者要求享有安全消费的权利，子女要求享有自己的信函不被父母查阅的权利等，不一而足[1]。

美国法学家德沃金在他的《法律帝国》中这样写道：我们生活在法律之中，并以法律为准则。法律确定我们的身份：公民、雇员、医生、配偶及财产所有人。法律是一把利剑，是保护人们的盾牌，同时又具有威慑力。我们坚持得到应得的工资，或者拒绝交付房租，或者被处罚款，或者在监狱服刑，所有这些都是以这个抽象而最高的主权，即法律的名义做出的。我们所争论的是法律所包含的内容，即使记载法律的规定和指示的典籍对此保持沉默；我们的行为好像是法律在抱怨自己的厄运，只是声音低得无法听见。我们是法律帝国的臣民，是法律秩序和理想的忠实追随者，在我们争论应当如何行事的时候，在精神上也受到法律的约束[2]。

“依德沃金之见，‘我们’是法律的产物，我们的领域是法律帝国。我们是历史旅程的产物，在这个历史旅程中，支撑着我们社会交往的法律结构是一座由权利和原则构成的摩天大厦的建造，是一项杰出成就[3]。”

权利是什么？权利是法律的代名词，它是利剑，它是盾牌，它建构了我们的现代社会。权利是使我们获得一种透明状态的能力，使我们能够对社会建构充满信心，使我们变得完全自觉。在一种很强烈的意义上，权利是关于透明和社会确定性的哲学。在此，权利并不专属于法学，它更标志了这个时代的特征，一种话语时代的到来，在客观中立的立场上，它更像带来了利益上的复杂性、思想上的

[1] 弗里德曼.选择的共和国[M].高鸿钧,等,译.北京:清华大学出版社,2005:9.
[2] 罗纳德・德沃金.法律帝国[M].李常青,译.北京:中国大百科全书出版社,1996:78.
[3] 韦恩・莫里森.法理学：从古希腊到后现代[M].李桂林,译.武汉:武汉大学出版社,2003:11.

混乱与模糊，如同康德意欲将理性放到审判席前，现代人更像是公正的法官，在这里，一切的东西都等待着自我的审理。

权利的主张的确还应当审慎，不过这并不减损它的真实。这的确是个权利的时代，包括我国在内的世界各个国家见证了这个时代的到来。当龚建平案、亚泰俱乐部诉中国足球协会案等发生纷争之时，我们难道会认为权利沉默了？恰恰相反，这些个案的判决正好表达了一种主观权利意识的实现。

三、公民体育权利的效力应贯穿于整个体育法之中

尽管从法律文本整体而言，权利义务已然成为立法的核心。但是，由于历史原因，一小部分法律残留着强烈的管理色彩。此外，在立法思路中，重管理的影子让权利的实施和保障受制于权力，也让实质平等的关怀出现了缺漏。关于体育组织自治的研究就内在于这样的权利时代，可以认为人们的行为与语言显露出的这些权利基础性前提和观念，构成了自治的表现和诉求，毕竟只有享有和行使各种权利，包括伸展自我的权利，建构适合自我独特生活的权利，以及实现和扩充自我的权利，才能理解“自治”的内涵。

立法思路的转变经历了一个较长的历史时期[1]。鉴于历史原因，部分法律法规仍然是从管理的思路出发，加强对公众的管理，努力地寻找政府所能够管控公众的一系列的依据，来加强自己的地位，很少能够注意去保护公民的体育权利。例如《体育法》第1条规定了体育法制定的目的是发展体育事业，提高公民的身体素质和运动的水平，它的依据是《宪法》第21条第2款“国家发展体育事业，开展群众性的体育活动，提高人民的身体素质”。然而现实中的体育法律制定却远远背离了这个目的，使体育承担了更多的社会与政治意义，使体育成为政府管理下的事业，而不是人民体育权利的保障。这也导致了体育法的制定难以适应我国体育发展的现实需要[2]。

从现有的《体育法》文本中可以析出权利的条款，第10条第1款“国家提倡公民参加社会体育活动，增进身心健康”，这是参加体育活动的权利；第18条第1款“学校必须开设体育课，并将体育课列为考核学生学业成绩的科目”，这是接受体育教育的权利；第22条第1款“学校应当按照国务院教育行政部门规定的标准配置体育场地、设施和器材”，这是保障学生体育教育条件的权利；第32条

[1] 周旺生.立法学（第2版）[M].北京:法律出版社,2009:101.

[2] 田思源.《体育法》修改的核心是保障公民体育权利的实现[J].天津体育学院学报,2011,26(2):114-117.

第1款“在竞技体育活动中发生纠纷，由体育仲裁机构负责调解、仲裁”，这是发生体育纠纷寻求调解和仲裁的权利；第45条第1款“公共体育设施应当向社会开放，方便群众开展体育活动，对学生、老年人、残疾人实行优惠办法，提高体育设施的利用率”，这是公民使用公共体育设施的权利；第46条第2款“国家鼓励企业事业组织、社会团体和公民依法举办体育专业教育”，这是公民举办体育专业教育的权利。

既然体育法基本原则在规范上要能够抽取出权利义务模式，在目的上要以体育权利为价值筛选的参照点，那么，保障公民体育权利势必构成一个体育法基本原则。体育法基本原则的确定可以产生以下几个方面的重要意义。

首先，我国公民的体育权利作为一项蓬勃发展的新兴权利必须要得到法律的保障才能够继续发展下去，体育权利已经作为一项基本的国际人权，得到世界各国的普遍确认，例如《奥林匹克宪章》《体育运动国际宪章》等国际性的文件都对体育权利作为基本人权加以确认，体育权利作为一种新兴的法律权利，需得到国内法的确认。然而回到我们国家的现实立法中，结果却令人大为失望。我们只有在2009年颁布的《全民健身条例》中规定了公民的体育权利，但是这种规定内容太过简陋，只包括了公民的全民健身活动，作为一项基本人权还应该包括体育教育、体育比赛和观赏体育比赛的成果等方面。因此总结我国现实的经验教训，我们有必要将公民的基本体育权利作为体育法的基本原则来加以保护，建议在《体育法》总则中增加公民享有获得体育教育、参加体育锻炼、参加体育竞赛和从事体育文化交流的权利。

其次，体育法基本原则的确定可以促使现行的体育法从管理的观念向权利保障的观念转变。纵观我国近现代体育发展的历史，体育的发展离不开军事的支持。早在1903年清朝末期就出现了以表达军体合一为理念的学堂乐歌，毛泽东在1942年的《新华日报》上曾发表过“锻炼体魄，好打日本”的题词。中华人民共和国成立以后的第一个国家体育部门——国家体育运动委员会（简称国家体委），其主要领导都是部队出身，如贺龙、蔡廷锴。所有这些都说明了我国体育事业的发展一直以来都离不开军事或者政治的目的，强调国家对体育事业的行政管理，而缺乏对公民体育基本权利的保障。然而探究体育的本质时我们就可以发现，体育是以人体运动为基本手段，以增进人们健康和提高人们生活质量为目的的运动。因此体育法基本原则的确立能够使体育的管理属性转向权利保障的属性，实现体育法自身的成熟与完善。

最后，由保障公民体育权利的基本原则还可以推导出一个对于我们来说非常重要的制度性的义务。这个义务就是体育制度或者体育政策的建构不能侵犯公民的基本体育权利。虽然政府等国家机关直接侵犯公民基本权利的具体行为并不多见，但是制度性的设计缺陷却经常导致对公民基本权利的侵犯。这种制度上的缺陷指的是政府机关设计制度时没有考虑到公民的基本体育权利，而是更多地从行政管理的角度出发，剥夺了公民的部分基本体育权利。所以这种对公民基本体育权利的侵犯必须要受到惩罚，并承担相应的法律责任，对被侵犯的公民以补偿与修复。因此，保障公民体育权利原则既是制定行政法规、部门规章和地方性规章的价值要求，又是将不正义的制度作为抽象行政行为纳入司法审查的依据。

需要说明的是，虽然“保障体育权利原则”与“保护各体育主体合法权益原则”在具体内容上存在相似甚至重叠之处，但是，这种重构并非无关紧要。从权利概念的语义来源看，它是合法正当的，这种合法正当性是体育基本权利合法与正当的基础。如果从法哲学的角度来看，权利概念的外延仍然具有很高的广泛性，例如一项权益即使没有被规定为权利，也就是没有制定法的明确规定，它仍然可能是法律所要保护的。这也就保障了体育法基本权利的内容随着社会发展的变化而变化时可以得到法律的保护。所以权利代替权益的理由在于其具备权益所不具备的三大特征：权利生而有之、人人平等地享有与不分地域地普遍适用[1]。

第二节　体育竞赛公平原则

基本原则反映了一定社会中在行政、经济上占统治地位的法律正义观念[2]。人们对正义的辨析是在不同的立场和解释中展开的，那种立场和解释受到探讨者所处的不同历史传统的影响，而“每一种传统在其自身内部都有一种与众不同的正义和实践合理性解释”[3]，所以正义的形态变化无常，甚至神秘莫测。

一、法律原则是追求正义理念的体现

“正义”的语词来源最早可以追溯到荷马史诗中的女神狄克（Dike），她是正义的象征，最初的含义为宇宙的秩序。后来由狄克（Dike）又派生出了dikaios，意为尊敬遵守秩序的人。到了古希腊时期，苏格拉底把正义称为一种宇

[1] 唐勇.体育法基本原则的研究现状、反思与重构[J].体育科学,2012,32,(3):47-52.

[2] 郭华成.法律解释比较研究[M].北京:中国人民大学出版社,1993:39.

[3] 阿拉斯代尔・麦金太尔.谁之正义？何种合理性？[M].万俊人,等,译.北京:当代中国出版社,1996:13.

宙的法则，在此基础上，古希腊人认为每个人都有其命定的地位或者说职位，每件事也都有其必然发生的原因，这是任何人都无法抗拒的。就连众神之王宙斯也要服从这种统治的秩序。人们将这种与命运相类似的必然关系的理论更多地运用在自然世界中，认为一旦在自然世界中的某个地方存在生命的气息，这里就会有要突破正义趋势的界限。这种突破是对原有秩序的破坏，会产生矛盾和斗争。但这里有一种超越人类的法则在恢复那不断被破坏的永恒秩序[1]。

正义是现代社会制度的首要价值。形成社会整体框架的是社会制度，社会制度同时也是构成社会基本结构的主要成分。从这一角度出发，社会制度的正义就是要实现社会制度普遍合理性。平等一词很少在事实中得到实现，平等的理念最多只能在政治层面上加以宣扬，因为每个人的生活水平既受到政治制度、经济条件和社会条件的制约，也受到人们出生时所具有的家庭条件和自然禀赋差异的影响，前者的不平等可以通过国家制度予以减弱，而后者的不平等却是个体无法选择的，因此它应成为正义原则所要首先应用的对象。美国著名学者罗尔斯认为剥夺一些人的自由而让另一些人获得更多利益是不正当的，不能通过牺牲小部分人的利益而让多数人享受较大利益[2]，这是违反平等的正义原则要求的。

制度的正义要求制度具有公平性，不能把大多数人获得的利益视作可以弥补牺牲少数人的利益。因此作为公平的正义包括两个基本原则：第一个原则应该是自由体系相平等原则，也就是每个人所拥有的自由体系在和他人拥有的自由体系相容的情况下，应在类似情况下都拥有相平等的权利；第二个原则就是不平等的对待要有正当的理由，也就是说，当人们在社会和经济地位上受到了不平等的对待时，应该基于正当的理由，根据每个人能力和地位的不同来分配这种不平等所产生的利润。然而这些具体原则的适用并不是都具有相同的地位，它们要受到国家政策的影响，从而在法律适用时会表现出不同的优先效力。当然，国家政策对法律原则的影响不应使其不能平等地分配公民的基本权利和义务，国家政策的影响应该能够保证社会合作所产生的利益，同时也有责任在社会成员中平等地分配利益[3]。

古希腊著名思想家亚里士多德曾对正义的内涵做出了经典的阐释，他指出所谓的正义就是个人的归个人之所得，也就是说每个人得到的东西是根据他的努力换取的相应报酬，也就是说，每个人得到的要和他所付出的相一致。反过来讲，

[1] 罗素.西方哲学史[M].何兆武,等,译.北京:商务印书馆,1963:154.
[2] 约翰・罗尔斯.正义论[M].何怀宏,何包钢,廖申白,译.北京:中国社会科学出版社,1988:1-2.
[3] 约翰・罗尔斯.正义论[M].何怀宏,何包钢,廖申白,译.北京:中国社会科学出版社,1988:56.

不正义就是指人们得到了不应该得到的东西，或者说人们遭受了不应当遭受的灾难。柏拉图在继承其师苏格拉底思想的基础上提出了正义的政治属性，在其著作《理想国》中，他指出了城邦正义是理想城邦所必须要达到的原则，根据这个理想的原则，城邦中的公民必须从事最适合他天赋秉性的职务，发挥他自己所具有的优势，令其做好自己分内的事而不干涉他人的事务[1]。我们可以对这种说法有两层理解：第一是城邦内的人各司其职，每个人都做好自己分内的事，而不去干涉别人；第二是人们之间彼此分工，互相合作，和谐有序。这是西方正义学说的基础，亚里士多德在继承其师柏拉图的基础上发展出了矫正的正义和分配的正义，分配的正义指社会财富、权力等在个人之间的公平合理地分配。分配正义成为历史上思想家公认的正义类型。且大多数思想家认为，分配正义的基本含义就是使每个人得到其所应得的东西。

虽然说法律存在着诸多的价值追求，但并不是每个价值都能有同样重要的地位，通常情况下，他们有适用上的优先性，也就是法律上的位阶。在众所周知的价值理念中，如自由、正义、友善、和平、秩序等，最高的价值位阶应属于正义，在其他价值都实现了的时候，正义的面目才能得到展现，否则它就是可望而不可即的海市蜃楼。也就是说，当上述的价值理念发生冲突时，如何对其筛选与鉴别就是一个法律上的难题，这种筛选与鉴别体现在不同的法律领域与法部门都有着显著的区别。因为不同的法域与法部门所要保护的社会关系与解决的社会问题都是截然不同的，例如刑法所追求的是公民的人身安全与社会稳定，民法追求的是公民的个人意思自治和利益的最大化，而社会法所要保护的是弱势群体的生存问题，解决社会贫富分配不均的问题，从而达到社会整体的和谐与正义。

正义在人类生活中不可或缺，如果公正和正义沉沦，那么人类就再也不值得在这个世界上生活了。正义是人际关系的终极价值原则，只要有两个个体共存就有正义存在的空间和必要性。所有道德上能胜任的成年人都具有使他们处理好日复一日地遇到实际问题的正义感。例如，班上的哪个学生应该得到奖学金？独生子女张三应不应该请假回去照顾生病的母亲？子女应不应该向司法部门告发父母的违法行为？穿鳖鱼皮泳衣的运动员第一个到达终点时是否应该授予其冠军称号？也许我们不知道从柏拉图到罗尔斯等哲学家们提出的许多抽象的正义理论，但是我们对上述问题都有自己的答案。

[1] 柏拉图.理想国[M].郭斌和,张竹明,译.北京:商务印书馆,2009:7.

二、公平竞赛是体育法追求正义的具体表现

在现代高度分工的社会，体育所能带给人们的享受使其成为人们生活中的重要组成部分。在其重要性越来越凸显的今天，不少体育运动员为了追求金钱、名誉等物质上的奖励，而不断地破坏竞技体育的规则与精神。因为在各种形式多样的体育活动中，竞技体育能带给人们更多的影响，由此带来的政治利益与经济利益使得兴奋剂的滥用、骨龄的扭曲、性别的变更等违反体育基本精神的现象频频发生。这些都冲破了正义的边界，使得竞技体育所蕴含的正义理念不复存在。

我们可以从竞技体育的核心目的与价值两个方面来考察竞技体育的意义。第一个方面就是在竞技体育中的参赛运动员必须要追求比赛结果的优异，最大限度地发挥自己的实力，展现运动所带来的魅力。第二个方面就是比赛要有严格的规则与程序来保证公平，要将比赛所带来的荣誉和利益公平合理地分配给参赛运动员。在这种竞技体系中，参赛运动员或者运动员背后所代表团体的荣誉和利益就成为整个体系的核心之所在，他们相互合作，共同构成了一个工具性的联合体，所以在竞技体系中的正义原则要能够更加淋漓尽致地得到体现，就要给予各人得其应得。因此我们认为：竞技正义就是竞技体育中在正当程序的保障下使优胜者得到其所应得的正义[1]。

竞技体育的最高规格是奥林匹克运动会，这种形式最早起源于古希腊，它的诞生具有浓厚的伦理基础。这个运动会与古希腊的城邦制度、道德生活观及古希腊人崇尚勇敢、正义、卓越等美德是分不开的，反映在柏拉图的理想国中就是各个阶层应得的地位与利益要与其德性相对应。亚里士多德认为人的每种实践与选择都是以某种善为目的，善与德性有着密切的联系。亚里士多德认为自然德性是一种卓越，如马的德性是奔跑得快，鸟的德性是飞翔得好。在古希腊，某人或某物按其角色表现该角色必需的那些技巧就是一种“善”。在古希腊，美德具体体现的成就概念有两个密切联系但又不完全相同的范畴，即优秀的成就和优胜的成就。优胜的成就是优秀的成就通过一个有奖竞赛获得的。在公平的条件下，较优秀的竞赛者一般将是胜利者，他将获得奖励，这种奖励高于一切荣誉，这种正规的有奖竞赛保留了它在整个公元前5至公元前4世纪的古希腊历史中的中心地位。它保留在奥林匹克运动会中、在各种政治论战中和在法庭的审判中及后来的哲学争论中，并且被制度化了。

在所有的社会界别中，只有体育被政治哲学称为“全球法规”，被道德哲学

[1] 杨其虎.追寻竞技正义：竞技体育伦理批判[D].长沙:中南大学,2012:4–7.

称为“全球伦理”。基于公平竞赛原则的体育规则，适用于全世界所有运动员。这些规则只能被自治的体育机构所实施，而且这些规则也是由它所创造的，这些规则有助于保护公平竞赛和促进运动员及运动协会的竞争力。《体育伦理纲领》第6条指出：“公平竞赛是在体育规则的范畴内比赛，包含友谊、他人尊严、自始至终表现出正确的行为状态这样一个概念。因此公平竞赛不仅是行动模式的定义，而且还是思维模式的定义。公平竞赛还包含消除不公正、违反规则的行为、兴奋剂、暴力（身体的、语言的）、机会不均等、过分商业化、腐败等内容[1]。”

第三节　体育和谐发展原则

体育法基本原则是反映在体育法之中，贯穿于体育法的创制、实施、遵守等实践环节全过程的根本性准则[2]。由于我国采用的是成文法，而体育法律关系的复杂性和多变性使得法律条文不可能就其进行全面的预判和设定，在法律条文没有明文规定的情况下，则可以根据体育法律基本原则就相关的体育法律关系进行判断，这既能体现《体育法》在我国体育法制体系中的基础性地位，也能够较好地实现上位法和下位法的优势互补。

一、促进各类体育协调发展

《体育法》第2条规定：“国家发展体育事业，开展群众性的体育活动，提高全民族身体素质。体育工作坚持以开展全民健身活动为基础，实行普及与提高相结合，促进各类体育协调发展。”《体育法》还将体育划分为社会体育、竞技体育、学校体育和体育社会团体等几个领域。2016年，我国《体育发展“十三五”规划》第6条中，关于体育发展的主要目标规定：“根据全面建成小康社会的总体部署、实现体育强国的战略目标和建设健康中国的任务要求，深化体育重点领域改革，促进群众体育、竞技体育、体育产业、体育文化等各领域全面协调可持续发展，推进体育发展迈上新台阶。”从我国体育发展的实践来看，体育行业的发展与改革，应该包括群众体育、竞技体育、学校体育、体育产业、体育文化等各个领域，因此，体育法基本原则的规范能够涵盖各个方面，促进各

[1] 王蒲,仇军.公平竞赛——欧洲体育伦理纲领[J].体育文史,1996,(06):50–51.

[2] 唐勇.体育法基本原则的研究现状、反思与重构[J].体育科学,2012,32,(3):47–52.

类体育协调发展是《体育法》的规定，也是体现体育法治的基本要求，更能充分体现体育和谐发展原则之必要性。

二、坚持体育程序公正

程序一词在竞技体育中绝非一个可有可无的概念，它包含了相当丰富的理念，具有很强的人文精神。在竞技体育程序中，运动员得到了充分的尊重，程序的运作以运动员的尊严、人格与价值为设计的起点，各项制度的设计都围绕着这个起点来进行。这避免了严格的程序可能带给运动员的压制和奴役，使运动员的权利能够得到充分的保障。竞技体育程序的运行不仅使其本身的意义得到了体现，还使实体正义得到了维护。所以正义不应当仅仅是实现即可，还要以看得见的方式来实现。由此可见，体育竞技是实现纯粹的程序正义的典范绝非虚妄之词。

程序的设计不仅仅在于保障实体的正义，其本身的运行也能带来正义，这属于程序本身的正义。因此为了实现正当的程序，它一般要体现科学性、中立性、平等性、公开性等标准。

科学性是指在设计程序的时候要充分地尊重自然规律和人类社会的发展规律，要符合人性和人的认知规律，而不能对这些规律加以违反。在具体的实践中，程序的科学性体现在比赛的赛制、竞技比赛的规则、裁判人员的选拔和运动员的分组等都要合理的因素。这些规则的制定要能够在保障公平的情况下，最大限度地发挥运动员的竞赛能力，给人们展示一个高水平的比赛。

中立性是对竞技比赛中裁判员的特殊要求，要求其在任何比赛中都不能带有个人感情的因素，必须不偏不倚地处理赛事，不能对任何运动员有条件地加以歧视对待。众所周知，裁判员的中立是保证比赛水平的生命之所在，是体育能够存在的基础。美国学者卢本斯曾说过，法官做出判决的瞬间，如果被别的不相关的因素或者金钱、权势等外部因素所影响，那么法官的作用就不复存在了，法官一职就失去了他的生命力。体现在竞技体育中就是裁判员在做出裁判时受外部因素影响，从而做出不公正的判决，则裁判一职的生命力也就不复存在了。所以每个裁判员都应恪守比赛前的裁判员誓言，在比赛过程中，裁判员心中应只有参赛动作和评分标准，不应有具体某国、某族或某队运动员的心理标准。

平等性是指参与比赛的各方运动员都能得到平等的对待，享有平等竞争的权利。平等性的要求是规则的本质之所在，没有一个平等竞争的环境，比赛的意义就无法体现，如果允许某些人能够操纵体育的过程和结果，则体育的生命力就荡然无存了。比如在竞技比赛中，用抽签的方式来决定由哪一队优先出场和对运动员的分组。这样可以保证每个运动员都能得到平等的机会来参与比赛，不管结果如何，他们都可以接受，因为他们在比赛中得到了平等的对待。使每个运动员的要求都能被审慎地考虑并得到答复。平等性的另一层含义是参赛各方的机会、对抗手段和形式上的对等。例如在竞技体育中，拳击、举重等项目分级别进行就是为了保证参赛者的对等性。

公开性是指人们制定的程序所展示的规则和标准能够为参与其中的运动员所不费力气地加以认知。在某些场合，程序参与当事人还可以清楚地看到程序的运行，也就是程序具有可视性。这种公开不是仅仅针对参与比赛的运动员，还包括裁判员、观众等非直接的参与人。因此，可以说竞技比赛有着充分的公开性。体育竞技的公开性具体表现为以下四个方面：①比赛规则是包括裁判员、教练员和运动员在内的体育参与人所熟知的；②比赛过程中的运动员大致是同步参与，比赛的结果对运动员是公开的；③允许观众观看比赛，比赛的进程和裁判的裁决对场内观众是公开的；④比赛的过程和结果可以被录像甚至直播，因此比赛状况和裁决的结果对社会观众也是开放的。这一方面可以督促裁判员公平公正地裁决运动员是否遵守了规则，能够使得比赛的结果是公平公正的；另一方面也有利于运动员回顾比赛，提升竞技水平。

三、追求体育和谐精神

和谐一直以来都是人类孜孜不倦所追求的社会理想和目标。这种社会理想和目标也因此随着不同社会阶段特定的需要而有所不同。小农社会中和谐的概念就是鳏寡孤独废疾者皆有所养；资本主义上升时期的和谐概念指的是欧文等空想社会主义者所追求的和谐村。在社会主义阶段，人们对和谐的理解就是物质产品极大丰富、人民思想觉悟极大提高的共产主义社会，这是迄今为止人类关于和谐概念所做的最高目标的阐述。

我们所讲的和谐概念包括三个方面：人与人的和谐、人与社会的和谐、人与自然的和谐。和谐的图景具体表现为：国家和社会之间关系的良性互动，公平和正义原则的实现，平等和效率的相互包含与协调，人、自然和社会之间的互相促进、共同发展。和谐社会就是“在公认的正义价值和规则的引导下，公民个人及群体的正当权利和利益得到充分表达和维护，国家权力机构能够对社会利益冲突进行有效协调和整合，各个社会利益主体能够和谐共处，持续发展的社会”。用逆向的语言来表达，这就是借助风尚习俗与道德（非正式制度），尤其是政策与法律正式制度，及时而有效地不断克服和消灭不和谐现象的过程。社会法作为一个重要的法律领域对社会和谐实现的意义尤为重大。社会和谐也是社会法的重要价值基础和目标[1]。要想实现和谐的体育法律就必须做到以下几个方面。

首先，要想实现人与自然的和谐就必须对自然规律充分了解，并尊重自然规律和按照自然规律的要求来做事。对待自然规律我们要反对两种观点，一是以绝对的自然规律为中心，强调一切都要按自然规律办事，完全抛弃人的主观能动性，这就会导致人类的发展停滞不前。另一个就是完全以人的主观创造为中心，强调人类可以实现对自然的征服，人类可以对自然为所欲为，人类可以无穷无尽地从自然中掠夺自然资源，这必然会导致人类的不可持续发展，使子孙后代走向灭亡的道路。所以我们应该在人类发展和尊重自然规律的基础上认识自然、利用自然，达到两者之间的互动平衡。

其次，要想实现人与社会的和谐就必须处理好国家干预和社会自治的关系。具体表现为要处理好公民与政府的关系问题，构建和谐社会的动力机制，最主要的是必须全面贯彻尊重劳动、尊重知识、尊重人才、尊重创造的方针，激发各行各业人们的创造活力；坚决破除影响社会成员积极性的各种障碍，使一切有利于社会进步的创造愿望得到尊重，创造活力得到支持，创造才能得到发挥，创造成果得到肯定。在价值基础上，社会保障法和劳动法等法律制度和规范就是要充分保障劳动者的积极性，解决社会冲突，最终实现社会和谐。

最后，要想实现人的自身和谐，就必须充分重视人的素质全面发展，包括人口质量和劳动者素质的提高。在这方面，人口法、教育法等法律的价值在于为实现这种目标而有效地促进和谐。

第四节 体育组织自治原则

一、体育组织自治原则取决于社会法属性中的社会自治原则

社会法是通过国家有限干预，解决特定社会问题的法律规范体系，体育法具

[1] Ministerialrat Karl-Heinz Schneider.Current Aspects of international and European Sports Policy and European [A].Sports Law 18th IASI Congress "Sports Law: Structures, Practice, Justice, Sports Science and Studies[C].Beijing, Oct. 2012:15.

有社会法的属性，也应该具有国家有限干预的特性。国家有限干预强调并非所有的社会问题都需要国家干预，也不是国家干预得越多越好。在汉语中自治的内涵是自我管理与自我统治的状态，其意思主要是指某个人或集体自己管理自己的事务，并对自己行使管理的行为所产生的后果负责。在社会自治中最典型的形式即行业自治，最早产生于中世纪的欧洲。基尔特（Guld）行业自治组织是最早成立的由同行业商人组织起来的行业自治组织之一，但行业自治理论的复兴和迅猛发展主要还是得益于全球化理论的迅猛发展。

体育运动中非故意因素所造成的人身伤害将排除刑法制裁的干预，保持体育领域内一定的自治性。具体而言就是即使运动员在体育运动中的某些犯规行为或者是为了比赛而采取的过激行为造成了运动员严重的身体伤害，满足了刑法中关于过失犯罪的规定，也不能被处以刑法的制裁。因为这是进行体育运动所固有的风险，如果采用刑法的制裁将使体育丧失其自治性，难以保证人们参与体育的积极性，不利于体育事业的健康发展[1]。

国家对体育组织自治的尊重还表现在对体育行业惯例及体育法基本原则的尊重。例如法院在受理公民对体育案件的起诉时，总是会谨慎地加以介入，表现在“穷尽体育行业内部的救济方得寻找司法救济”原则与“当事人自愿放弃司法救济”的原则。法官在裁判案件的过程中，也会将体育领域内的一些特殊情况当作裁判的考虑因素。比如自甘风险、反垄断法的豁免、责任分担等都被法院考虑在内。

公平及充分的内部纠纷解决机制是自治的必然要求。为了实现并维护协会的自我管理和正常运行，协会的设立独立于公力救济系统之外的内部纠纷解决机制实属必然。社会冲突和社会矛盾是人类社会无法回避，也不能一劳永逸根除的问题。在选择解决这些问题的途径和办法的时候，难免会存在诸种社会政策、制度和规则之间的价值位阶的冲突，诸如平等与效率、自由和秩序的矛盾贯穿社会发展的始终。自改革开放以来，中国的市场经济得到了迅猛发展，然而经济的腾飞却并没有完全解决社会矛盾，在经济的发展过程中出现了许多的社会问题。这在很大程度上是由我们的法律制度不健全所造成的，因此在缓解社会矛盾、实现社会和谐、达到社会公平和正义的过程中，法律应该以什么样的价值为基础，发挥何种调节和引导作用，就尤为重要。

从类型上划归，体育自治属于行业自治。学术界普遍认为，行业内部争端解

---

[1] 韩勇.体育纪律处罚研究[D].北京体育大学,2006:27.

决是行业自治的重要内容之一。具体到体育自治领域，体育自治至少暗含了规则自治、组织自治及纠纷自治的基本内容。所谓行业自治是指同一行业内的各从业主体以共同协商所缔结的契约（章程）为基础，由自愿组建的行业协会依据契约所规定的框架、原则和程序对内实行自我管理，对外实行协调或抗衡，以便最大限度地维护本行业的共同利益，实现本行业的共同诉求。全球化的体育社会包含大量的体育社会组织。从当代世界体育活动运行的现状看，全球性及各国的体育社会组织发挥着重要的作用，甚至是决定性作用，它主导体育社会，维护全球体育社会秩序。我国学者认为，体育行业自治是由体育社团和体育协会自我约束与自我治理所形成的一种体育运行机制[1]。

体育组织的自治具有悠久的历史，最早可以追溯到古希腊的摔跤运动，从那以后体育行业渐渐形成了自成一体的，有自己内部规则与处理内部冲突规则的体育组织自治意识。现代高度国际化的奥运会成立了以国际奥委会和各国际单项体育运动协会为主体的国际非政府体育组织，已成为世界体育组织自治机构，在内部冲突的解决上还成立了具有全球体育法庭之称的国际体育仲裁庭（CAS），体育组织自治已成为全球体育治理的必然发展趋势。

虽然我们极力强调体育组织的自治，但是过分的体育自治也不是我们想要的，我们主张的是有限的体育自治。体育目的的实现与体育价值理念的传播都离不开政治的、商业的、文化的和社会的因素等方面的影响。不能把体育的发展与世界隔离开来，认为体育可以实现自给自足式的发展。因为没有人可以脱离全球化的发展趋势，分工与合作是必需的。因此，我们必须清楚哪些是我们必不可缺的原则、责任及自由。我们在这样界定体育组织的自治时，自己千万不能被理想化的幻想冲昏了头脑。体育行业不应该被看作社会这个汪洋大海中的一个自治和自给自足的孤岛。我们应明白，体育只是整个社会活动的一部分，很大程度上也承担了一定的政治意义，正是这样的意义唤醒了很多人的需求。因此，我们对于体育自治的定义必须是现实的，只局限于关键的问题。

二、体育自治是在法治前提下的自治

此种法律理论和实践上的争议非我国所独有，长期以来，各国都将体育纪律处罚看作体育行业的内部问题，由体育组织的规则和程序予以解决，因此各国司法机关在传统上不愿意介入因体育产生的纠纷。然而这种对体育组织自治的充分

[1] 谭小勇.依法治体语境下的体育行业自治路径[J].上海体育学院学报,2016,40(1):37–45,73.

尊重，近些年来却遭到了质疑，比如长期存在的场上发生的事情场上解决的观念在近些年来受到了挑战。在法律学术界，关于司法是否应该干预体育行业的自治以及能在多大程度上干预成为人们讨论的热点。大体上这些争论可以分为两派。一派是传统派，又称法治派，代表人物是英国体育律师爱德华·格雷森（Edward Grayson）。他认为体育作为社会生活的一部分，没有必要与其他职业的法律适用区别开来，在体育行业中，一般的法律规范也应当能够得到适用[1]。另一派是体育自治派，该派认为体育虽然是社会生活中的一部分，但是它的确有很多不同于社会一般职业的地方，体育本身有很多专属于自己的规则。因此，体育有自己的“小法律系统”，有自己的立法、行政和司法体系。但是，这种权力也不能被过于夸大，该派认为在体育自治的系统中，司法系统只充当纠错系统，只有当自治失败或案件关乎公共利益的时候，法院才会干涉。

体育自治又称为体育组织自治，这种自治不是完全的自治，它必须是在政府的宏观管理前提下，由各体育组织的自治组织，即体育协会，来对具体的内部事务进行自我管理和约束[2]。想要对体育自治做更为深入的理解可以从两方面探究。第一，体育自治是体育社团（主要是体育协会）的治理，即体育社团是体育自治的主体和组织。第二，体育自治的范围仅限于对社团内部事务进行管理与决定，不涉及对外部事务的处理，即体育自治本质上是内部治理，不同于外部的他治[3]。

对体育自治的内涵，国际奥委会主席托马斯·巴赫（Thomas Bach）进行了深入而又精到的阐述：“体育组织应当意识到自己进行的体育活动所具有的政治意义。在体育活动的政治框架里，体育界在与政治界的交往中，必须要保持自己的意志不被行政所腐蚀，从而成为行政的奴隶，要坚守自己对于自治范围内的事项可能做出的自治与自决。但是这也不是说体育的自治就要去排除法律的管辖或者成为与法律平行的机构，而是说体育行业要在法律法规引导下去管理属于自身的具体事务[4]。”这一论断揭示了体育自治的两层内涵：第一，体育领域是一个特殊的领域，需要体育组织的自主、自决和自治；第二，体育自治也有一定的限度，它必须以遵守法律为前提，也就是说体育自治是法治前提下的自治。

---

[1] Grayson, E. Sport and the Law. 2nd. 1994, London: Butterworths. xxi–xxvi.

[2] 张成元.法治观念下的体育行业自治研究[D].吉林大学,2007:25.

[3]钱静.中国足球协会内部纠纷解决机制的完善——以体育自治为基础的考量[J].体育与科学,2014,35(3):44–48.

[4] 托马斯·巴赫.多样中的团结:尊重、责任、信誉——在2009年哥本哈根奥林匹克大会上的演讲[J].潘霞,译.体育文化导刊,2010,(11):1–4.

应当明确的是，对体育自治的强调主要集中于竞技体育领域，体育法对竞技体育的自治性做了丰富而明确的规定，主要包括以下几点内容。

首先，要对体育社团的法律性质进行清晰的界定。一般来说，体育社团是一个依法登记成立的社团法人，这就说明了它是一个具有民事行为能力的私主体，然而各国的体育法一般都赋予其行使公法性质的处罚权。这是因为随着政府职能理念由以前的管理转向了服务，政府把更多的公共物品和公共服务的提供交给了社会组织去完成。随着政府授权范围的不断扩大，社会组织的公共行政理论应运而生。公共行政理论认为社会自治组织旨在管理、协调和分配社会的公共利益，这种不以营利为目的的组织要受到行政法的规范，是一种行政权。这就意味着中华全国体育总会、中国奥委会及全国单项运动协会是在法律法规授权范围内的一定程度上行使行政权的社团法人。

其次，体育社团所拥有的行政权要和行政机关的职权保持一个清晰的边界，只有权利明确了，职责才能够明确，所以体育社团与体育行政管理机关的职能边界要在法律法规的引导下实现合法合规。体育行政机关与行业组织各自的权限内容、实现方式和法律责任都需要用体育法加以细化、量化和固化。

最后，要明确体育行业的自治与是否接受司法管辖的关系。当前因竞技体育产生的纠纷形式多种多样，是坚持体育行业的内部自治，还是要其接受司法管辖，对这个问题不同的学者有不同的看法。从全球化的视角来看，体育行业发达的国家在处理竞技体育争议可司法性问题上都保持着基本一致的态度，他们大多都尊重体育社团的自治权。在承认符合法定条件的行业机构内设裁判机构的管辖权的同时，保留争议案件的行业外部解决机制，或通过仲裁、诉讼来纠正内部裁决的不当。

如何在保持现有法律权威的框架下实现竞技体育的内部自治？这需要在体育法上确立三大基本原则：第一，救济手段多元化原则。解决争议的机构可以是自治性的体育社团，或者是国家机关的体育行政机关和法院，或者是民间性的仲裁院，等等。这些机构如果可以相互配合与协调，就可以及时高效地解决争议。第二，穷尽内部救济原则。在发生体育争议后，首先必须要诉诸于体育行业内部的自治组织的救济才可以寻求外部的救济。因为竞技体育是一个相对独立的领域，体育社团拥有相当程度的自治权力，如果争议的解决可以无条件地交给外部机构来处理，势必会对行业组织的自治产生毁灭性的影响。第三，仲裁与诉讼择一原则。法院管辖是一个基本规定，但应当允许当事人达成协议，就争议事项提交外部的仲裁机构，以排除法院的管辖权。

将有效实现体育自治原则作为体育法基本原则，其意义就在于从法律原则的层面为体育自治划定范围，即在法律许可的领域内，体育活动的主体可以以自治和自决的方式行为。体育自治既构成规范要求上的不确定指引，赋予相关主体极大的自主权，又体现目的要求上的自由价值。

三、体育组织的自治体系需要逐渐完善的制度加以保障

体育行业的自治不仅要在竞技体育中实现，还要在社会体育领域得到贯彻，这是法律赋予其自治所要达到的最高要求，也即通过这样一个体育行业的自治达到社会中的组织能够实现对其组织内部的体育事项实行自我管理。社会体育参与主体的广泛性要求其具有较高的积极性，而这需要行业自治来实现，较多的行政管理反而会束缚社会的积极性。社会体育实现自我管理、自我规范的表现形式一般是通过企业、社区、业余俱乐部等。例如，《公司法》第18条规定，公司应当为本公司工会提供必要的活动条件；《工会法》第27条规定，工会会同行政方面组织职工开展文娱、体育活动。上述两个条文的配套实施成为公司出资推动职工及其家属参与体育运动的成文法依据。基层组织对于参与体育活动的积极性是无穷无尽的，体育法应予以保障，而这也是实现公民基本体育权利的重要途径。通过这一系列的群众性活动可以推动体育产业的市场化，加速体育事业的发展。在体育法需要对这些做出规范时，体育法的基本原则就发挥了重要的作用，通过体育法基本原则相互关联、相互促进，共同构成体育法制定和实施的基石[1]。

哲学家康德把自决看作所有心理行为和“最高道德准则”的基础。同时，康德说明这种自治不是无边际的，它也要以尊重其他人和社会的自治为基础。所以他提出一个“绝对命令”，即“只要有可能就应按此箴言行动，同时希望这成为普遍的法规”，并将其作为道德的基本守则。

体育自治正当性的另一个基础就是体育社团的成立是公民自愿的联合，就像国家是由公民签订的社会契约所组成的，体育社团也是基于行业内部人员自愿所组成的联合体。体育社团的章程就是行业内人员所共同签订的契约，是人们一致同意所要遵守的规则。所以这样一个组织必然要以维护其内部人员的利益为出发点，尊重内部成员的决定。让内部人员参与对自己事务的管理和决策，同时也意味着他们要对自己的决策负责任。换句话说，这样的自治有助于保证体育的价值

[1] 唐勇.体育法基本原则的研究现状、反思与重构[J].体育科学,2012,32,(3):47-52.

理念，并且保护体育结构免遭政治、商业、意识形态相互冲突的利益的侵犯。

体育行业组织作为政府与公民的中介机构，其本质是具有独立于政府的民间性和自治性。体育组织自治是指体育行业协会独立地制定章程与规则，并通过这些章程与规则管理本行业协会内部的事务，维持本行业的正常运行，通过自我管理与自我决策维护其会员的共同利益。体育行业协会所要遵循的规范是体育行业协会在其自治权的范围内制定的调整其组织结构及行业事务的规范总和，它包含了组织性规范、行为规范、争端解决机制和行业内部惯例原则等几方面的内容。每个体育协会都会有自己相应的章程、行规行约和争端解决规则，如中国足球协会的《中国足球协会章程》《中国足球协会仲裁委员会工作规则》等。除了行业协会的内部争端解决机制外，许多国家在已有的体育行业协会之外建立了专门的体育纠纷解决机构，如日本成立了体育仲裁机构（JSAA），英国成立了体育纠纷解决委员会（SDRP），澳大利亚建立了全国体育纠纷解决中心（NSDC），希腊成立了解决体育纠纷最高委员会（ASEAD），加拿大建立了体育争议解决中心（SDRCC），等等。这些纠纷解决机构通过内部秩序一般化、一般法律原则在体育中的适用和发展等途径[1]，不断丰富体育法的内容。

在现代社会运行体制中，运用行业规范的法律化调控是最为直接的解纷止争路径，这也可能是在社会法基础上形成的另一种法律类型。这种多元的解纷过程体现了私权利的运行规则，“凡法律不禁止为自由，自然也带有公权利的运行规则，凡法律没有授权的不得为之，法律禁止的更不得为之”[2]。所以，体育领域的自治规范既有衍生于公法私法调整取向的一面，同时也有根植于行业土壤、职业操守之成分。

第五节 体育公益促进原则

《体育法》第44条第1款规定：“县级以上地方各级人民政府应当按照国家对城市公共体育设施用地定额指标的规定，将城市公共体育设施建设纳入城市建设规划和土地利用总体规划，合理布局，统一安排。”随着经济发展和社会稳定，体育成为人们生活中不可缺少的重要组成部分，但是进行体育活动的场地设

[1] 向会英.国际体育仲裁院与“Lex Sportiva”的发展研究[J].体育与科学,2012,(6):40-44.

[2] 王岩芳,高晓春.论体育法的地位——从法的体系划分谈起[J].天津体育学院学报,2008,23(1):84-87.

施会受到限制，特别是一些活动项目需要大型的场地资源，如足球场、篮球场、滑雪场等，这些场地不可能由个人去建造或者拥有，这就需要政府和社会的力量来确保体育设施能够满足居民的体育需求。《体育法》第45条第1款规定："公共体育设施应当向社会开放，方便群众开展体育活动，对学生、老年人、残疾人实行优惠办法，提高体育设施的利用率。"这同样需要政府和社会的力量，通过合理利用现有各部门的场地设施，有效地协调发展体育事业，保障公民体育权利，实现体育公共利益的社会价值。

在我国现阶段，虽然体育得到了飞速发展，取得了举世瞩目的成就，但却是以造成了很多社会问题与矛盾为代价的。在社会问题上，比如高级比赛场馆闲置问题和"广场舞扰民"现象频发，导致政府体育场馆设施闲置与大众体育活动场所严重不足的社会矛盾；在经济问题上，城乡之间的差距逐渐扩大、人们的贫富差距逐渐拉大，导致了一系列两极分化的严重弊端，对社会稳定造成了极大的隐患。

2016年10月，《"健康中国2030"规划纲要》（以下简称《规划纲要》）发布实施，其中多次提到体育的内容。体育作为建设健康中国的重要组成部分，在促进人类健康、提高人民身体素质、丰富人们的精神文化生活方面，都有着十分重要的作用。《规划纲要》第2章"战略主题"中提出，要推动健康服务供给侧结构性改革，卫生计生、体育等行业要主动适应人民健康需求，让体育能真正发挥促进社会健康的作用，建立体育健身公共服务体育，促进全民健康理念快速发展，进一步完善健康保障体系。

第八章　体育法基本原则的实践运用

部门法的基本原则应当具有普遍性、规约性和可证立性的特点；法律原则与法律规则关系密切，法律原则更多时候体现为一种法律精神，并通过具体法律规则体现出来。“正所谓贯彻于法律运行的始终者方为基本法律原则，而部门法的基本法律原则能确保法律规则在法律的制定、解释、执行和司法各环节始终保持其统一性，并能有助于解决上述各法治运行环节可能出现的冲突[1]。”

体育法基本原则的确立，可以指导以后的立法和贯穿于所有体育法当中，为我国《体育法》修改提供参考和借鉴，用以解决体育疑难案件，体育法基本原则的确立更是为了顺应体育事业改革和发展的方向。

第一节　基本原则在《体育法》修改中的作用

立法机关依照法定程序改变法律中某些不合时宜的规定，对现行法律进行必要的变更、删除或补充，以适应社会发展的不同变化，这是符合立法学的基本原理的。从2008年起，全国人大加快了修法的步伐，放缓新法创制，随着中国特色社会主义法律体系的形成，对社会法部门法律的修改幅度开始加大[2]。

我国《体育法》自1995年10月1日实施以来，对我国的竞技体育、社会体育和学校体育快速发展起到了很大的作用，但是随着改革开放和社会主义市场经济的发展，体育的改革也在不断推进，体育社会化和产业化成为体育改革发展的重

[1] 竺效.论公众参与原则入环境基本法[J].法学,2012,(12):127-133.

[2] 付子堂,胡夏枫.立法与改革：以法律修改为重心的考察[J].法学研究,2014,(4):54.

要方向。为了适应体育的发展，体育法学术界对《体育法》的修改进行了激烈的争论，呼吁《体育法》早日进行修改，具体修改内容也做了很多研究，笔者在参考和同意某些观点之外，认为基本原则的确立对《体育法》修改具有重要的意义。因为法律修改的重点内容是与社会现实需要不符的相关规则，无论从修法的指导，还是从具体的修改规则，都应该符合体育自身发展规律和价值追求，体育法基本原则是从法理学角度解决立法理念和立法内容的具体表现，也是法律规则符合法律形式的逻辑要求。

一、《体育法》修改的迫切性需要明确体育法的基本原则

由于法律一般的周期规律和其难以避免的滞后性，以及《体育法》在制定初期我国正处于计划经济向市场经济过渡时期，还有其他各种先天性的形式和技术方面的问题，体育法学的理论研究尚未启动。到现在已经过去20多年了，我国的经济、政治、社会、体育都发生了翻天覆地的变化。当下中国之体育现状与1995年立法时大不相同，出现了很多新情况、新问题，作为上层建筑的《体育法》已经不能很好地反映和解决，与现实脱节。因此，《体育法》在体育的人本性和社会化、产业化等方面的内容缺失，在处理体育纠纷和体育法律实践中也产生了各种问题，更是无法满足我国由体育大国迈向体育强国这一重要历史转折的基本需要。《体育法》的修改在理论界和体育法律实践过程中都显现出了必要性和迫切性，近几年也多次列入国务院立法计划中抓紧调研的二档立法项目，但很难上升到立法项目的一档层次。党的十九大明确提出“中国特色社会主义进入了新时代”，这对体育法治建设提出了新的要求，也为体育法治建设迎来了新的历史机遇。

2009年8月27日，第十一届全国人民代表大会常务委员会第十次会议通过了《全国人民代表大会常务委员会关于修改部分法律的决定》，其中对《体育法》原第47条“用于全国性、国际性体育竞赛的体育器材和用品，必须经国务院体育行政部门指定的机构审定”进行删除，这也是为了适应社会的发展。20年来，《体育法》作为一部基本法功不可没，但是随着我国体育已经形成了社会化、产业化发展的良好态势，取得了蓬勃发展的显著成果，当时制定《体育法》的历史基础、所要解决的法律问题都已发生了重大变化，多数法律原则、若干法律规则都难以符合时代要求，能够处理当今体育问题的法律条款比较缺乏。任何法律都具有滞后性，法律对社会的派生性、法律预测的有限性和相对稳定性与社会无限变动性之间的矛盾运动，必然地造成了“昨日”法律与“今日”现实之间的时空

差异性及由此引起的法律功能性缺失。因此，在2016年11月7日，由全国人民代表大会常务委员会第24次会议通过的《关于修改〈中华人民共和国对外贸易法〉等十二部法律的决定》中，对《体育法》原第32条“国家实行体育竞赛全国纪录审批制度。全国纪录由国务院体育行政部门确认”进行删除。今后，体育竞赛全国纪录项目将不再采取行政审批的方式管理，由全国各单项体育协会采取行业自律的形式自行确定，国家体育总局由直接审批管理改为业务指导和行业监管。

2017年6月16日，国家体育总局召开修改《体育法》和《全民健身条例》座谈会；7月7日，国家体育总局成立《体育法》修改工作组，并召开了第一次起草组工作会议，这标志着继2010年3月22日国家体育总局召开修改《体育法》工作会议着手修改《体育法》后，新一轮《体育法》修改工作正式启动[1]。2018年，以周爱光教授领衔的科研团队申请的《〈中华人民共和国体育法〉修改重大问题的法理学分析》获批国家社会科学基金重大项目。这是从体育法治的理论和实践层面对《体育法》修改的迫切需求，体育法基本原则将起到举足轻重的作用。

一般法律修改的模式主要是两种：修正和修订。修正既表现为《宪法》《刑法》采用的直接公布修正案方式，也表现为一些法律通过修改决定进行的修正。法律修正的修改幅度比较小，只是个别条款的调整变化，不改变整体结构，也不变化原施行日期。修订则不是在原法律结构上的简单增减，而是修改的幅度较大，一般会增加一些甚至很多的内容，而且修订的法律要确定新的施行日期。根据法律修改的模式和《体育法》修改的现实情况来看，2009年和2016年分别对《体育法》原第47条和原第32条进行删除，采用的是修正模式，没有进行大幅度的修改，没有公布新的施行日期。对于学术界和实践中有关公民体育权利法条的缺失、强调政府的作用但又缺乏明确的法律责任措施，以及现有《体育法》缺乏必要操作性，多处用“应当”“鼓励”等字，降低了法的权威性[2]等问题尚未得到解决，同时也没有发挥其应该具有的“体育基本法”的作用[3]。因此，笔者认为《体育法》还需要进一步修订，进行较大幅度的修改；在体育体制改革、体育产业、全民健身、健康中国的新时期，迫切地需要一部能够指导和规范我国体育事业发展的根本大法，真正形成实现依法治国、依法治体的法律制度体系。

---

[1] 田思源．“健康中国”视域下《体育法》与《全民健身条例》的修改[J].上海体育学院学报,2019,43(3):7-12.

[2] 周赟.立法用规范词研究[M].北京:法律出版社,2011:101.

[3] 秦毅,陈小蓉.体育法的价值研究评述[J].西安体育学院学报,2012,29(1):15-20.

二、基本原则在《体育法》中所起到的作用

法律基本原则的主要作用在于，当既有的全部规则均不适用特定案件时，法官通过援引法律原则来推演裁判结论，做出令人信服的解释，而且这种解释能够满足“类似案件类似处理”的融贯性要求。法律基本原则在法律运行过程中能够产生切实的作用，甚至对其他法律条文产生规制效应。即使在司法主要适用判例法的国家，自由裁量并不是说完全凭裁判者个人的主观臆断进行裁判，而是必须遵循一定的原则。在我国《体育法》中确立体育法律基本原则，既能够体现“体育基本法”的法律位阶，又能够以此为依据对较低位阶的体育法律规范进行评价。从而以此为重要依托建立起我国以《体育法》为核心的健全的体育法制体系。

按照我国成文法的制定惯例，在法律文本中对基本原则进行宣示，如《刑法》总则第3条、第4条、第5条分别规定了刑法基本原则为：罪刑法定原则、平等适用刑法原则、罪刑相适应原则。《民法通则》第一章就是“基本原则”，分列了八条内容。法学术界人士[1]对民法的基本原则总结为：平等自愿原则、公平原则、诚实信用原则、权利不得滥用原则、法律补充原则（2004）。这些基本原则在理论界和实务界都得到了公认，并且进行了广泛的运用。现行《体育法》的总则部分也提取出一些基本原则，但是没有明确宣示，况且1995年立法时的社会状况及体育发展需求与今日存在着较大的差距，确实需要在修改《体育法》之前，对体育法基本原则重新确定，以便指导和贯穿于《体育法》的修改之中。

在《体育法》的修改过程中应该重视对法律位阶较低的下位法的制定和实施提出具体的要求和明确的法律责任。如《体育法》第40条规定：“县级以上各级人民政府应当将体育事业经费、体育基本建设资金列入本级财政预算和基本建设投资计划，并随着国民经济的发展逐步增加对体育事业的投入。”这里表现出了保障公民体育权利原则。由于《体育法》没有配合《立法法》对其下位法的制定实施提出具体的要求，导致很多省市所制定的《全民健身条例》及相关法规都只对该法条加以重申。从另一个方面来看，体育作为基层社会公共服务的内容，具有公益性的基本原则，要将这一原则贯穿和实施于各级各类的体育政策法规当中，真正落实体育公益性原则，按照“体育法规的位阶越低，其法条应该越明

[1] 徐国栋.民法基本原则解释——以诚实信用原则的法理分析为中心（增删本）[M].北京:中国政法大学出版社,2004:1.

确，禁止简单重复”的要求制定各级体育法规，必定能够发挥体育法制建设的系统效应。

三、基本原则在《体育法》修改中的具体表现

马克思说：“立法者应该把自己看作一个自然科学家。他不是在创造法律，不是在发明法律，而仅仅是表述法律，他把精神关系的内在规律表现在有意识的现行法律之中[1]。”法律原则的确立是法律精神内在规律的具体表现，只有将体育法的基本原则确立出来，才能为《体育法》的修改指明方向，使体育法的内容始终围绕着这条线索。

本研究在前文中确立的体育法基本原则应当贯穿于广义体育法当中，而对于《体育法》文本的修改，有的需要进入法条，有的不需要进入。体育权利作为一项基本人权[2]，公民体育权利保障原则必须进入法条；体育竞赛公平原则和体育组织自治原则是体育行业的规范性制定，在《体育法》修改中应该进入法条；体育和谐发展原则和体育公益促进原则作为体育发展的长期指导思想，对体育社会化、产业化发展起到很好的引导和保障作用，应该贯穿于体育法规则当中，是否必须在总则部分进行明示，值得商榷。虽然现行《体育法》中没有明确宣示基本原则，但是在总则当中或者部分条款中也潜藏着原则，如“体育社会团体”的专章内容中有着“国家鼓励企业事业组织、社会团体和公民兴办和支持体育事业”的规定，这里体育的公益性和自治性都有所体现。

体育法基本原则在《体育法》修改中的具体表现受到法律原则的生成路径及表达方式的影响，有的基本原则存在于人们的潜意识当中，是人们在进行体育活动和处理体育事件的时候自然遵循的习惯性行为；有的则需要进入法律文本，获得成文法典的认可和载明。

第二节 基本原则在解决体育疑难案件中的作用

虽然对法律原则的讨论已经经历了很长时间，但是时至今日，法律原则问题仍是国际法哲学术界研讨的前沿课题。尽管近些年来我国的法学研究者就法律原则问题展开了一些讨论，产生了一些学术成果，但是我们的理论研究深度仍然不

[1] 马克思,恩格斯.马克思恩格斯全集（第1卷）[M].北京:人民出版社,1985:182.

[2] 田思源.《体育法》修改的核心是保障公民体育权利的实现[J].天津体育学院学报,2011,26(2):114–117.

够，还有很多基础性的理论问题等待着我们去探讨。因为法律原则的司法适用问题是实现法治的一个重要的理论问题，是任何人都不能回避的问题。尤其是当下中国正在进行着建设社会主义法治国家的伟大实践，不仅法治建设的道路仍然曲折，而且影响和制约当前司法公正的因素仍然存在，涉法涉诉信访问题仍然十分突出，影响社会和谐稳定的源头性、根本性和基础性问题仍然急需解决。所有这些，应引起我们足够的重视，并提醒我们必须注重以各种行之有效的纠纷解决机制来消弥社会矛盾纠纷，促进和谐社会建设。

如果大量的竞技体育纠纷和社会体育冲突不能得到公平、公正的解决，体育管理机构或者体育组织者和裁判就会使社会公众产生失望情绪，特别是在当今的国际体育组织和国内体育体制问题比较严峻的情况下，如果不能很好地利用规则和原则来解决体育中的纠纷和冲突，其危害就会直接影响到体育组织自治的公信力，甚至是动摇依法治体的根基。因此，体育法基本原则可以作为规则背后的伦理支撑，用以解决体育中的疑难案件，作为体育规则适用的填充剂和纠偏器。在当前的体育领域，逐步构建起一套规则与原则相辅相成的纠纷解决体系，使体育法基本原则更好地服务于体育行业发展和社会正义价值的体现，同时保障公民体育权利的有效实现。

一、纪律处罚：体育组织自治的具体表现

体育组织在长期的发展中，形成了自治的传统：制定了各种体育活动的规则体系，建立了系统的裁判制度，对于不当行为设立处罚机制，建立体育纠纷内部仲裁制度。体育的发展形成一个相对封闭的系统，特别在职业体育领域，纪律处罚既要对体育中的不当行为进行干涉，保证体育的良性发展；又要在处罚中维护相对人的权利，保证处罚的公正合理。体育行业协会的纪律处罚之所以有效，是因为行业成员间有持续的交往，能够形成稳定和不断交往的“重复博弈”，会员在行为选择上会更倾向于合作而非背叛。

因为体育目的的实现需要有良好的体育秩序，所以体育管理能否高效地运行，需要体育规则对违反规则的人进行处罚、限制甚至是剥夺其权利。但是这种处罚也应当是为了实现体育目的所必需的，不能用随意处罚来损害相对人的合法权益。保障相对人权利的原则实际上主要是由保障相对人的陈述权、申辩权和救济权构成的。体育组织在实施处罚时必须遵守法定程序，未经正当程序，相对人的权利不能被剥夺，这一原则的确立，有助于均衡、协调体育组织和相对人地位的不对等，及时纠正体育组织处罚人员因为主客观原因导致的差错，确保体育组

织依法处罚。

2012年的伦敦奥运会上，国际奥委会取消了4对羽毛球运动员的比赛资格，理由在于依据世界羽联的《运动员行为条例》第4.5条和第4.16条“未尽全力去赢得比赛”和“做出了明显有辱于或有害于羽毛球运动的行为”的精神，认定其属于消极比赛[1]。虽然本次事件已过去多年，但仍然是世界羽毛球运动的一个遗憾。当时的教练员和运动员说：“要怪就只能怪体制的原因，我们只是做了为夺得奖牌应该做的事情。”而赛事组织者和体育管理部门认为他们会重新讨论小组赛的一些问题并完善比赛规则，以免类似事件的再次发生。那么我们作为理论的研究者是不是要进行一些更深层次的挖掘和分析呢？作为比赛的管理者，我们能否制定没有漏洞的规则来防止消极比赛的发生呢？虽然在这之后的羽毛球比赛中，赛制规程进行了改变以尽量避免本队队员提前相遇的情况，但是比赛中所有规则的漏洞都能完善吗？我们觉得答案是否定的，因为对于千变万化的体育运动，不可能在制定规则的时候就可以穷尽其所能变化的事实，所以总有人能找到法律的漏洞。不可否认的是，造成运动员消极比赛的源头是规则漏洞，而规则的制定必须遵循多数国家或成员国的代表所同意的程序正义[2]。继续关注本案可以看出，只有韩国选手向国际羽联提出申诉，如果仍然不服，可以向国际体育仲裁院提出仲裁申请，当然韩国最终也撤回了申诉。体育行业作为一个完整的自治系统，具有一系列的体育纠纷解决程序，是符合体育良性发展规律的，也是充分保障所有运动的权利和公平竞赛的具体体现。

竞技体育中的仲裁制度也是体育组织自治的具体表现。在奥运会期间，根据《奥运会比赛仲裁规则》第17条之规定，仲裁庭适用的法律主要有《奥林匹克宪章》、双方合意的规则、法律原则和法律规则，以及仲裁庭认为合适的其他规则、原理。裁判的决定本质上具有主观性和判断性，判罚难免出错；但根据体育领域行业自治和专业自裁原则，仲裁庭对改变比赛进程判罚基本持谨慎保守态度，根据规则，仲裁庭只撤销有直接相关证据证明判罚是基于专横任意武断、恶意或是欺骗而做出的裁决结果。虽然规则给申请人设置了很高的证明责任要求，但是如果降低要求，则可能出现任何不满意判罚结果的当事人在赛后寻求比赛复查的情况，会对体育比赛造成无休止的干扰，必然损害其他运动员的利益，也会阻碍体育运动的长远发展。

---

[1] 韩勇.体育与法律——体育纠纷案例评析（二）[M].北京:人民体育出版社,2017:290-292.

[2] 黄璐.伦敦奥运会有关公平竞争的案例分析[J].体育学刊,2013,20(5):31-35.

二、兴奋剂：严格责任原则保障体育良性发展

竞技体育的专业化、商业化、全球化要求扩大私人间纷争自我规制与解决机制，CAS（Court of Arbitration for Sports，国际体育仲裁院）便应运而生。CAS从1996年亚特兰大奥运会开始设置了AHD（Ad Hoc Division，临时仲裁庭），负责处理奥运会期间及之前10天内的体育纠纷，从20多年的实践经验来看，CAS和AHD处理了大量的兴奋剂纠纷。AHD在2016年里约奥运会期间共裁决了28起体育纠纷，其中兴奋剂案件多达17起，兴奋剂问题仍然是体育仲裁的焦点。国际体育仲裁机构在处理兴奋剂案件时最常用的是严格责任原则，即只要发现运动员体内含有禁用物质，就认为构成服用兴奋剂的违规行为。即使在里约奥运会期间，印度摔跤运动员纳辛·亚达夫（Narsingh Yadav）被竞争对手故意迫害，在功能性饮料中添加违禁物质，并且得到印度当地警方的调查认可，印度国家反兴奋剂机构也认为亚达夫不存在过错，但是AHD仍然以严格责任原则认定亚达夫服用违禁药物，违反《国际反兴奋条例》（*World Anti-Doping Code*），支持国际反兴奋剂组织的决定，禁赛4年和返还奥运金牌等处罚。

兴奋剂具有很大危害性，会对运动员的身体健康造成严重伤害，但随着市场经济的快速发展，现代体育的商业化进程也快速推进，运动员或其他人员受利益驱使，通过服用兴奋剂等不正当方式以达到提高竞技水平、获取更好成绩之目的，兴奋剂问题不断升级。虽然在体育运动实践中，难免会出现亚达夫这样的事实错误，但是为了体育的长远发展和良性发展，不得不对兴奋剂采用严格责任原则。兴奋剂从根本上违背了奥林匹克运动的基本原则，违反了奥林匹克精神，且腐蚀了运动员的道德和伦理价值，危及他们的精神健康，“服用兴奋剂如同残害体育事业的癌症”，自然应当绝对禁止。

三、体育伤害：责任分担处理是体育基本原则的综合体现

随着我国经济水平的快速增长和人民生活水平的大幅提高，群众参与体育活动的机会增加，随着竞技体育比赛场次增多，体育活动中的体育伤害也频频发生。竞技体育伤害争议一般基于体育自治原则而通过内部纪律处罚或仲裁程序解决，而学校体育和群众体育中的伤害事件如果处理不当或者协商不成，大部分会诉至法院。从法院判决的案例来看，体育运动中的人身损害问题处理必须以归责

原则为核心[1]，经历了过错责任、自甘风险、公平责任、损失分担的嬗变过程。

过错责任来源于1987年实施、2009年修正的《民法通则》第106条第2款："公民、法人由于过错侵害国家的、集体的财产，侵害他人财产、人身的，应当承担民事责任。"公平责任来源于《民法通则》第132条："当事人对造成损害都没有过错的，可以根据实际情况，由当事人分担民事责任。"分担损失来源于2010年实施的《侵权责任法》第24条："受害人和行为人对损害的发生都没有过错的，可以根据实际情况，由双方分担损失。"

发生于2011年1月的"上海长宁小学生体育课手球伤害案"的判决中，法院依照《侵权责任法》第24条损失分担进行判决。案件过程是：原告和被告沈某均系某小学五年级学生，在上体育课的过程中，所有学生均按照体育老师的要求进行手球练习，老师也是按照正常的程序在逐个指导与巡视。原告在击球、捡球的奔跑过程中，鞋带松开，被被告沈某无意间踩到并致使原告摔倒。体育老师赶紧上前查看，发现伤情比较严重，及时将原告送至校医务室，并告知学校，且与家长取得联系。最后由于伤情严重，相关教师将其送往复旦大学附属医院，经诊断为右肘关节多发骨折，经过司法鉴定构成十级伤残。最终，受伤者将加害人沈某和所在小学诉至法院，要求赔偿医疗费及其他费用共计15余万元。在调查取证之后，法院认为受害人、加害人和学校均无过错，应以原告、被告（加害人和学校）三方共同分担本次事故损失为宜，并且确定了具体的赔偿数额。

这是在《侵权责任法》实施之后体育伤害案例的判决，损失分担是对公平责任的扬弃，除了在用词和法条逻辑上更为精确之外，更为体育伤害案件处理带来了理念上的转变。过错责任和自甘风险都会在不同程度上对学生参与体育的积极性有所抑制，无形当中阻碍了体育的良性发展。损失分担是对公平责任的进一步细化，它不仅起到定分止争、促进和谐之效，更是关注受害者的伤害，保护受害者利益，充分考虑原、被告双方的经济条件等实际情况，通过经济手段弥补受害者的肉体伤痛。一般情况下，这个时候的受害者是弱势群体，随着社会法的发展，国家、社会对弱势群体的保护，在体育伤害事件中表现体育法的社会性，这种着重考虑双方合理分担比例的做法，使得每一个参与体育活动的人都可以同等受到法律的保护和尊重。从我国法院裁判体育伤害事件所适用的原则来看，它经历了公平责任、自承风险、损失分担等基本原则的嬗变过程[2]。

[1] 汤卫东.侵权法视角下体育运动中的人身损害责任探析[J].体育科学,2014,34(1):34–40.

[2] 赵毅.从公平责任到损失分担之嬗变——近年我国法院裁判体育伤害案件的最新立场[J].体育学刊,2014,21(1):38–43.

从以上案例分析中，首先可以看出，受伤者损失分担是考虑弱势群体，彰显对受伤者的关爱，正是社会法所强调的主题，也保障了个人权利。其次是无过错人或组织承担损失，虽然这样的处理结果会损害学校组织和实施体育活动的积极性，且将学校的资金用于受伤者个人，这是对大众利益的损害，其实有违反公共利益之嫌；但是考虑到学校的支付能力及对作为本校学生的受伤者的关爱，并且在不太影响其他人的公共利益的情况下进行的经济补偿，或者是道义补偿，这种处理方法更能体现和谐社会的价值。再从另一方面来看，受伤者得到损失分担，有利于体育参与者的积极性，不至于影响到体育活动的参与性、竞争性、规则制约性等特点对体育良性发展的促进。这也是从体育权利保障、体育和谐发展、体育公益促进等方面进行考究，体现了体育法基本原则的融合与贯通。

第三节　基本原则在适应体育事业改革中所起的作用

我们在修改《体育法》或者是在制定《体育事业促进法》时，都必须明确其立法宗旨和我国体育事业发展的基本方针和方向，而这又是与我们对体育的理解，包括体育的功能、性质的认识分不开的。纵观世界各国的体育法，多数国家不仅阐明了体育健身娱乐的目的，也强调了其提高生活质量、塑造国民精神的社会、文化意义。其中，《西班牙体育法》规定：体育是一种自由、自愿的活动，作为一种教育和人们全面发展的基本要素，它构成的文化现象应该受国家公众权力机关的保护和鼓励。《俄罗斯体育法》规定：体育是人民文化的重要组成部分，也是社会为增进俄联邦人民健康，在体育过程中创造、发展和使用的精神和物质财富的总和。《乌克兰体育法》规定：体育是社会文化的组成部分，其目的在于增强人的体质、道德意志与文化智力，以形成协调和个性作为立法目的。《日本体育振兴法》规定：体育以促进国民的身心健康发展及形成愉快活泼的国民生活为目的。我国和其他国家比较接近，以“发展体育事业，增强人民体质，提高体育运动水平，促进社会主义物质文明和精神文明建设”为目的。但是在体育实践和体育事业改革进程中，保障公民体育权利、促进体育和谐发展、坚持体育的公益性、追求体育竞赛公平等基本原则仍然要得到充分的体现和保障。

一、简政放权：基本原则适应体育“行政”向“社会”的转变

2014年9月2日，由李克强总理主持召开的国务院常务会议提出，简政放权、

放管结合，取消商业性和群众性体育赛事审批，放宽赛事转播权限制，最大限度地为企业“松绑”；推进职业体育改革，鼓励发展职业联盟，让各种体育资源“活”起来，适应群众多样化、个性化的健身需求。结合各国改革经验，可以看出，简政放权、减轻税负、提升人力资本投入和稳定货币政策构成了通行的措施，从而实现激活市场，降低企业成本和推动创新型人才结构提升，以及稳定环境的效果。

另一项措施是放宽赛事转播权限制。以前，奥运会、世界杯等最受关注的体育赛事，其转播权一直被央视垄断。很多互联网视频企业都需要从央视购买转播服务。若放宽限制，这些互联网公司肯定会大举进入。而且赛事转播运营市场空间很大，多家公司进入有利于良性竞争，提高观众的观看体验。这些举措是体育事业改革和发展的方向，是新时期党和国家领导人高瞻远瞩，对体育事业发展的高度重视的具体体现。

二、行业协会改革：基本原则适应了体育事业发展的大趋势

我国各行各业都在走社会化的道路，大社会小政府，管办分离、政企分开，能由社会承办的就不设政府机构，是中国社会发展的必然趋势。2015年3月8日，国务院办公厅印发《中国足球改革发展总体方案》，强调坚定不移地推进改革、振兴足球，并以足球协会改革为突破口深化体育管理体制改革，调整组建中国足球协会。2015年8月17日，中国足协与国家体育总局脱钩，按照政社分开、权责明确、依法自治的原则调整组建中国足球协会，在内部机构设置、工作计划制订、财务和薪酬管理、人事管理、国际专业交流等方面拥有自主权。2016年2月24日，撤销“国家体育总局足球运动管理中心”，改变“两块牌子、一套人马”的组织构架，中国足球协会与国家体育总局正式脱钩。

中国足球协会改革之后，中国篮球协会改革也在快速推进。2017年2月23日，姚明当选中国篮协主席，新篮协成员大部分为社会人士，中国篮协成为脱离行政的社会组织。体育行业协会的社会化改革是在体育实践和联赛职业化的趋势下进行的，是为了适应国内外体育发展的正确选择，也是为了促进体育的和谐发展，实现体育的公平正义和良性发展。

三、体育产业：基本原则助推了公平正义的法治环境

在体育产业方面，1994年国家体委向国务院呈报的《体育法（草案送审三稿）》中，还有着“体育市场的培育与管理”的专门章节，因当时实践的贫乏，

在颁布时，《体育法》仅保留有“县级以上各级人民政府体育行政部门对以健身、竞技等体育活动为内容的经营活动，应当按照国家有关规定加强管理和监督”的规定。后来，体育产业的迅速发展中，各地政府能够充分利用这一依据通过地方立法加以推动。但是，大量涌现的体育经营、体育市场、职业体育等具有体育特殊性的产业现象，由于缺少专门法律的依据而形成管理的无序和被动，制约了体育产业更好更快的发展，这也同样向《体育法》修改提出了非常迫切的要求。

2010年3月，国务院办公厅出台了《关于加快发展体育产业的指导意见》（国办发〔2010〕22号），指出加快发展体育产业，这在当时是国家最高级别的以“体育产业”为主题的政策文件，为指导体育产业发展，以及进行体育产业政策研究提供了政策支撑。随后的2011年，国家体育总局颁布了《体育产业“十二五”规划》，其中指出，“十二五”期间，要全面落实《国务院办公厅关于加快发展体育产业的指导意见》确定的各项目标和任务，进一步完善体育产业扶持政策，建立体育产业发展政策体系。2012年，中国足球协会颁布《中国足球职业联赛管办分离改革方案（试行）》，进一步推进足球的职业化发展。2014年3月，国务院出台《关于推进文化创意和设计服务与相关产业融合发展的若干意见》（国发〔2014〕10号），要求“积极培育体育健身市场，引导大众体育消费…… 促进体育衍生品创意和设计开发，推进相关产业发展”。同年10月，国务院又出台了《关于加快发展体育产业 促进体育消费的若干意见》（国发〔2014〕46号），这也是首次将发展体育产业上升到国家战略高度。2014年12月，国家体育总局出台《推进体育赛事审批制度改革的若干意见》，其中强调“取消审批，依法管理”，除少数特殊项目外，商业性和群众性体育赛事审批一律取消，加强事中事后监管措施。截至2016年底，国务院办公厅、财政部、发展改革委员会、国家统计局、新闻出版广电总局等部门分别联合国家体育总局出台了15份配套文件，全国31个省（直辖市、自治区）都出台了地方性体育产业促进体育消费的实施意见。这一系列政策文件的出台，为体育产业的快速发展提供了政策指导和法律支撑。

发展体育产业，要实现社会效益和经济效益的统一，保证体育产业健康、合理、可持续发展，处理人与自然、人与社会、人与人之间的关系，特别是要建立在人与自然和谐共生的生态文明基础之上，确立正确的生产经营观，摆脱单纯追求经济效益的观念，去关注社会效益的认同与实现，努力创造一个能够体现公平正义的社会环境[1]。体育产业与竞技体育、群众体育相辅相成，发展体育产业，不仅追求体育产业的营利性，也要体现出体育所具有的公益性特征，为社会公众传播健康积极的体育文化，促进竞技体育和群众体育和谐发展。

四、公共体育服务：基本原则促使体育权利从应然走向实然

现行《体育法》不但明确是依据《宪法》而制定，而且在内容中也遵循“国家发展体育事业”的宪法精神，努力体现发展体育的公益性原则。但是在《体育法》中的相关规定也存在不少问题，比如较多地强调体育实现其社会服务功能，以及国家对体育进行管理的角度；相反，政府服务性的规定少，且原则更缺少体育为人的全面发展服务和保护公民体育权利的内涵。虽然在《体育法》颁布实施后的宣传中，有关领导强调了该法是保护公民体育权利的重要法律；但是在立法过程中，专家建议有关体育权利的内容没有能够成为实际法条，今天科学发展观所体现的人本与人权思想在当时不可能得到很好的体现。20世纪末以来，在新管理主义和新公共服务思潮的推动下，公共服务开始进入国人视野，后受到党和国家高度重视并提出“努力建设服务型政府”，为体育事业改革指明了发展方向。

公共体育服务作为国家公共服务体系的重要组成部分，在逐步完善符合国情、比较完整、覆盖城乡、可持续的基本公共服务体系中起着重要的作用。2016年12月25日，由全国人大常委会第25次会议通过的《中华人民共和国公共文化服务保障法》中，多达10次提到“体育”一词，可见，公共体育服务在提升公共服务事业，实现体育资源共享的理念中，切实保障人民群众的基本体育权益，反映政府与制度建设中的体育公益性目的。随着居民消费结构和水平的变化发展，体育事业的发展方向逐渐显现，人民大众对公共服务品质和生活质量的要求也不断提升。在共享发展理念下，推进政府购买公共体育服务，要合理配置公共体育服务资源，以多元化主体供给为手段，以供给法制建设为必要保障，引入市场机制，提高公共体育服务的供给效率，让广大社会公众享受到体育发展成果。

作为公共服务重要内容的公共体育服务，逐渐在党和国家的文件中得以确认，成为政府体育工作的基本职能和体育发展的重要任务。我国公共体育服务事业的改革要强调法制化、市场化和合作化发展，应当在强调市场化主导的同时，

[1] 沈克印,吕万刚.体育产业供给侧结构性改革：学理逻辑、发展现实与推进思路[J].武汉体育学院学报,2016,50(11):29–35.

推进利益均衡和分配正义，切实保障体育法治的基本原则，使其充分体现在体育文化活动实践当中。体育公共产品供给中的公共服务领域不同于私人生活领域，要求政府注重公民社会的培育，为体育行业协会的独立自治、体育社团的建立扫清障碍，实现公民在体育中的自由选择和发展的权利[1]。适应和满足民众的体育需求，维护和保障公民的体育权利，为提高生活质量和人的全面发展服务，不但是国家和政府执政为民改善民生的公共服务要求，而且必须成为法治政府的施政依据，迫切需要在新修改的《体育法》中得以体现。

[1] 李兵.基于善治理论的体育公共服务供给侧改革研究[J].南京体育学院学报（社科版）,2016,30(4):54-60.

第九章　研究总结与展望

本研究对法律原则问题的本源探讨并不是目的，而是要为体育法基本原则的构建提供一个新的思路与方法。由于目前体育法基本原则的立法技术特征研究还比较缺乏，造成了立法指导学术这样一种怪现象。体育法作为 ·个部门法，其基本原则必然要体现法律原则的特征，受法学基本理论的指导，具备法律原则的立法技术特征。法的基本原则反映法的本质，构成立法、执法和司法的基础，是具有普遍指导意义的原理和评价标准。立法者先探讨抽象的法的理念，然后确定法的基本原则，再由基本原则派生出具体制度和法律规则。因此，本研究在探讨如何构建体育法基本原则之前先系统研究法律原则的立法技术特征问题，以作为后续研究的方法理论基础。

法理学揭示："法的基本原则体现着法的本质和根本价值，是整个法律活动的指导思想和出发点，构成法律体系中的灵魂，决定着法的统一性和稳定性[1]。"根据法律原则的自由、正义、友善、和平、秩序等终极价值，考虑体育法的特殊性事实，公平正义观念作为体育法基本原则的价值取向，可以成为体育体制改革发展和体育法制调整的根本准则，确立体育权利保障和体育竞赛公平原则；体育法具有社会法属性，以社会本位作为体育法基本原则的一种新的价值取向，可以增强人类社会的合作协调能力，促进体育的国际化、社会化和市场化，依此可以确立体育和谐发展、体育组织自治、体育公益促进等原则。

本研究的一个重要创新在于运用法理学知识，从法律原则理论、法律原则生成机理、法律原则价值取向等方面，系统阐述和证成体育法基本原则的过程，不

[1] 迈克尔·D.贝勒斯.法律的原则——一个规范的分析[M].张文显,等,译.北京:中国大百科全书出版社,1996:469.

同于前人从法律文本、法律实践、体育功能价值角度提炼基本原则的过程。这个过程符合法哲学的研究理念，是对体育法基础理论研究中元问题的追问。因此，本研究的目的并不在于提出几条体育法基本原则，反过来，设计一套原则提炼和甄别的模型或机制，按照这个机制来推演和证成，才是本研究解决的重点问题。这样的研究于整个体育法学体系而言，为原则问题研究提供了一种新的思路和方法。本研究中所提出的5条基本原则并不代表体育法基本原则问题研究的终点，原则体系的完善并不具有终极目标的意义，其根本目的在于对体育法规则、体育法律制度，乃至整个体育体制改革和发展起到指导作用。

这既是笔者以体育法基本原则作为论文选题的基本原因，也是写作本书的目的所在。当然，区区一本书，可能不会有多大效果；然而，只要是真理，或迟或早总会引起人们的共鸣。相信随着体育法制建设日益受到重视，我国体育法的基本原则终将得以确立，并在体育实践中发挥其应有的重要作用。

笔者限于对外文文献和国际体育案例的资料收集较少，不能很好地把握国际体育法学的最新发展动态，过多地考虑了国内《体育法》的运行和中国特色下的体育体制改革内容，以至于在体育法基本原则的普适性方面大打折扣。因此，如何用体育法基本原则指导国际体育立法和体育纠纷等的实践操作，是本研究的不足之处，也是未来研究体育法原则问题的重要内容之一。

总之，笔者希望自己的研究能够为体育法理论与实践的发展提供一个全新的视角和思路，为实现体育法治和体育和谐的目标贡献自己的一份微薄之力！

参考文献

一、专著

[1] G.拉德布鲁赫.法哲学[M].王朴,译.北京:法律出版社,2013.

[2] 黑格尔.法哲学原理[M].范杨,张企泰,译.北京:商务印书馆,1961.

[3] 黑格尔.精神哲学[M].杨祖陶,译.北京:人民出版社,2006.

[4] H.科殷.法哲学[M].林荣远,译.北京:华夏出版社,2002.

[5] 亚图・考夫曼.类推与“事物本质”——兼论类型理论[M].吴从周,译.台北:台湾学林文化事业有限公司,1999.

[6] 西塞罗.国家篇 法律篇[M].沈叔平,等,译.北京:商务印书馆,1999.

[7] 亚里士多德.政治学[M].吴寿彭,译.北京:商务印书馆,1965.

[8] 亚里士多德.尼各马科伦理学[M].苗力田,译.北京:中国社会科学出版社,1999.

[9] 色诺芬.回忆苏格拉底[M].吴永泉,译.北京:商务印书馆,1984.

[10] 柏拉图.理想国[M].郭斌和,张竹明,译.北京:商务印书馆,2009.

[11] 川岛武宜.现代化与法[M].王志安,等,译.北京:中国政法大学出版社,1994.

[12] 米歇尔・贝洛夫,蒂姆・克尔,玛丽・德米特里.体育法[M].郭树理,译.武汉:武汉大学出版社,2008.

[13] 罗素.西方哲学史[M].何兆武,等,译.北京:商务印书馆,1963.

[14] 韦恩・莫里森.法理学：从古希腊到后现代[M].李桂林,译.武汉:武汉大学出版社,2003.

[15] 哈特.法律的概念（第2版）[M].许家馨,李冠宜,译.北京:法律出版社,2011.

[16] 罗纳德・德沃金.原则问题[M].张国清,译.南京:江苏人民出版社,2012.

[17] 罗纳德・德沃金.认真对待权利[M].信春鹰,吴玉章,译.北京:中国大百科全书出版社,1998.

[18] 罗纳德・德沃金.法律帝国[M].李常青,译.北京:中国大百科全书出版社,1996.

[19] 本杰明・卡多佐.司法过程的性质[M].苏力,译.北京:商务印书馆,1998.

[20] K. 茨威格特,H. 克茨.比较法总论[M].潘汉典,等,译.北京:法律出版社,2003.

[21] 罗斯科・庞德.通过法律的社会控制[M].沈宗灵,董世忠,译.北京:商务印书馆,1984.

[22] 罗杰・科特威尔.法律社会学导论[M].潘大松,等,译.北京:华夏出版社,1989.

[23] 尼尔・K.考默萨.法律的限度——法治、权利的供给与需求[M].申卫星,王琦,译.北京:商务印书馆,2007.

[24] 迈克尔・D.贝勒斯.法律的原则——一个规范的分析[M].张文显,等,译.北京:中国大百科全书出版社,1996.

[25] 列奥・施特劳斯.自然权利与历史[M].彭刚,译.北京:生活・读书・新知三联书店,2003.

[26] 阿拉斯代尔・麦金太尔.伦理学简史[M].龚群,译.北京:商务印书馆,2003.

[27] 约翰・罗尔斯.正义论[M].何怀宏,何包钢,廖申白,译.北京:中国社会科学出版社,1988.

[28] 弗里德曼.选择的共和国——法律、权威与文化[M].高鸿钧,等,译.北京:清华大学出版社,2005.

[29] 戈登・怀特.公民社会、民主化和发展:廓清分析的范围[J].何增科,译.北京:社会科学文献出版社,2000.

[30] 阿拉斯代尔・麦金太尔.谁之正义?何种合理性?[M].万俊人,等,译.北京:当代中国出版社,1996.

[31] E.博登海默.法理学——法律哲学与法律方法(修订版)[M].邓正来,译.北京:中国政法大学出版社,2004.

[32] 马克思,恩格斯.马克思恩格斯选集(第4卷)[M].北京:人民出版社,1995.

[33] 马克思.青年在选择职业时的考虑.马克思恩格斯全集(第1卷)[M].北京:人民出版社,1956.

[34] 马克思,恩格斯.马克思恩格斯选集(第2卷)[M].北京:人民出版社,1995.

[35] 马克思,恩格斯.马克思恩格斯全集(第1卷)[M].北京:人民出版社,1985.

[36] 周旺生.立法学(第2版)[M].北京:法律出版社,2009.

[37] 徐国栋.民法基本原则解释——以诚实信用原则的法理分析为中心(增删本)[M].北京:中国政法大学出版社,2004.

[38] 熊欢.身体、社会与体育——西方社会理论视角下的体育[M].北京:当代中国出版社,2011.

[39] 张文显.法哲学范畴研究(修订版)[M].北京:中国政法大学出版社,2001.

[40] 张文显.法理学(2版)[M].北京:法律出版社,2004.

[41] 张文显.二十世纪西方法哲学思潮研究[M].北京:法律出版社,1996.

[42] 黄世席.欧洲体育法研究[M].武汉:武汉大学出版社,2010.

[43] 汤卫东.体育法学[M].南京:南京师范大学出版社,2000.

[44] 尚成,孙喜峰.体育法应用实例说[M].长沙:中南大学出版社,2005.

[45] 董小龙,郭春玲.体育法学[M].北京:法律出版社,2006.

[46] 王小平,马宏俊.体育法学专题研究[M].北京:中国政法大学出版社,2012.

[47] 王小平.体育法学实用教程[M].北京:中国长安出版社,2010.

[48] 姜仁屏,刘菊昌.体育法学[M].哈尔滨:黑龙江人民出版社,1994.

[49] 张厚福,罗嘉司.体育法学概要[M].北京:人民体育出版社,1998.

[50] 刘举科.体育法学[M].桂林:广西师范大学出版社,2005.

[51] 宋剑英.体育行政法新论[M].北京:中国政法大学出版社,2010.

[52] 王建中.体育法学[M].北京:北京师范大学出版社,2010

[53] 韩勇.体育与法律——体育纠纷案例评析（二）[M].北京:人民体育出版社,2017.

[54] 韩勇.体育法的理论与实践[M].北京:北京体育大学出版社,2009.

[55] 周爱光.体育法学导论[M].北京:高等教育出版社,2012.

[56] 周爱光.体育法学概论[M].北京:高等教育出版社,2015.

[57] 孙喜峰,尚成.体育法教程[M].长沙:中南大学出版社,2005.

[58] 谭小勇,等.体育法学概论[M].北京:法律出版社,2014.

[59] 公丕祥.法制现代化的理论逻辑[M].北京:中国政法大学出版社,1999.

[60] 公丕祥.法理学[M].上海:复旦大学出版社,2002.

[61] 赵汀阳.论可能的生活[M].北京: 生活・读书・新知三联书店,1994

[62] 孙文恺.社会学法学[M].北京:法律出版社,2005.

[63] 张功.法学研究的理论与方法[M].北京:中国政法大学出版社,2016.

[64] 汤黎虹.社会法学[M].北京:中国人民公安大学出版社,2008.

[65] 冯嘉.环境法原则论[M].北京:中国政法大学出版社,2012.

[66] 林立.法学方法论与德沃金[M].北京:中国政法大学出版社,2002.

[67] 颜厥安.法与实践理性[M].北京:中国政法大学出版社,2003.

[68] 朱景文,韩大元.中国特色社会主义法律体系研究报告[M].北京:中国人民大学出版社,2010.

[69] 卓泽渊.法的价值论[M].北京:法律出版社,1999.

[70] 李晓明.中国刑法基本原理（2版）[M].北京:法律出版社,2007.

[71] 陈兴良.刑法哲学[M].北京:中国政法大学出版社,1992.

[72] 周赟.立法用规范词研究[M].北京:法律出版社,2011.

[73] 董保华.社会法原论[M].北京:中国政法大学出版社,2001.

[74] Michael Beloff, Tim Kerr, Marie Demetriou.Sport Law[M].Oxford:Hart Publishing,1999.

[75] Morrision. Jurisprudence: from the Greeks to post-modernism, Cavendish Publishing Limited, 1997.

[76] Francois Ewald. A Concept of Social Law, Dilemmas of Law in the Welfare. Edited by Gunth-er, Teubner. Berlin: Walter de Gruyter,1986.

[77] MARK JAMES. Sports Law[M].New York: Palgrave Mac-millan,2010.

[78] Henry Campbell Black. Black's Law Dictionary, West Publishing Co.,1979, entry

Principle.

[79] Dworkin. Taking Rights Seriously, Harvard University Press,1978.

[80] Hart.Positivism and the Separation of Law and Moral，In，Jules L.Coleman (ed), Reading in the Philosophy of Law, Garland Publishing,1999.

二、期刊

[81] 罗纳德·德沃金.论规则的模式——略论法律规则与原则、政策的法律效力，批评实证主义[J].潘汉典,译.环球法律评论,1982,(2):1–16.

[82] 托马斯·巴赫.多样中的团结:尊重、责任、信誉——在2009年哥本哈根奥林匹克大会上的演讲[J].潘霞,译.体育文化导刊,2010,(11):1–4.

[83] 韩勇.中国体育法学研究：从法解释学到法社会学[J].体育科学,2010,30(3):75–82.

[84] 韩勇.在路上:中国体育法学向何处去?[J].体育与科学,2014,35(6):78–84,100.

[85] 周爱光.法哲学视野中的体育法概念[J].体育科学,2010,30(6):3–13.

[86] 贾文彤,杨银田,盖立忠.我国体育法学研究中的法治浪漫主义评析[J].上海体育学院学报,2006,30(63):32–35.

[87] 贾文彤.体育的规则之治———个法律社会学视角[J].体育学刊,2007,14(1):20–22.

[88] 于善旭.对我国体育法制建设发展战略的思考[J].体育与科学,2001,22(6):23–26.

[89] 于善旭.论公民的体育权利[J].体育科学,1993,(6):23–26.

[90] 于善旭.论《中华人民共和国体育法》修改的基本路向[J].天津体育学院学报, 2011,26(5): 369–373.

[91] 于善旭.中国体育在人权法治的加强中和谐发展[J].北京体育大学学报,2009, 32(8) :1–4.

[92] 于善旭,李先燕.论修改《体育法》的现实紧迫性与可行性[J].武汉体育学院学报,2017,51 (9):47–55.

[93] 汤卫东.侵权法视角下体育运动中的人身损害责任探析[J].体育科学,2014,34(1):34–40.

[94] 汤卫东,张剑威.直面体育实践:体育法学研究的社科法学进路[J].武汉体育学院学报 2017,51(7):56–61.

[95] 田思源.《体育法》修改的核心是保障公民体育权利的实现[J].天津体育学院学报,2011, 26(2):114–117.

[96] 田思源."健康中国"视域下《体育法》与《全民健身条例》的修改[J].上海体育学院学报,2019,43(3):7–12.

[97] 田思源 . 改革开放 40 年体育法治建设的中国化道路 [J]. 北京体育大学学报 , 2018,41 (11): 16–21,48.

[98] 田思源 . 中国特色体育立法的基本经验与未来发展 [J]. 天津体育学院学报 , 2018,33(6): 461–465.

[99] 钟秉枢,何俊,郝晓岑,等.基于"补短板"视野下的新时代中国体育强国发展道路探索

[J].首都体育学院学报,2018,30(1):4–9.

[100] 王家宏,赵毅.改革开放40年我国体育法治的进展、难点与前瞻[J].上海体育学院学报,2018,42(5):1–8,14.

[101] 杨国庆,闫成栋.新时代我国竞技体育改革发展的法治保障——基于《体育法》竞技体育部分修改思路和内容的探讨[J].体育科学,2019,39(2):15–21.

[102] 肖永平,陈星儒.我国《体育法》中政府职责与体育权利的错位与调适[J].广西大学学报,2018,40(4):96–102,109.

[103] 黄璐.伦敦奥运会有关公平竞争的案例分析[J].体育学刊,2013,20(5):31–35.

[104] 姜世波,张洪振.论国际体育法的参与原则[J].西安体育学院学报,2011,28(5) : 513–516.

[105] 姜世波.改革开放40年我国体育法治建设的回顾与展望[J].北京体育大学学报,2019,42(01):87–97.

[106] 周青山.对国际体育仲裁院裁决“奥斯卡案”的法理思考[J].体育学刊,2010,17(11):30–34.

[107] 谭华.试论体育的权利和义务[J].成都体育学院学报,1984,10(3):13–17.

[108] 谭小勇.依法治体语境下的体育行业自治路径[J].上海体育学院学报,2016,40(1):37–45,73.

[109] 向会英.国际体育仲裁院与“Lex Sportiva”的发展研究[J].体育与科学,2012,(6):40–44.

[110] 向会英,谭小勇.法律多元视角下的体育法概念[J].武汉体育学院学报,2015,49(4):33–38.

[111] 舒国滢.法律原则适用的困境——方法论视角的四个追问[J].苏州大学学报（哲学社会科学版）,2005,35(2):26–31.

[112] 秦毅,陈小蓉.体育法的价值研究评述[J].西安体育学院学报,2012,29(1):15–20.

[113] 赵毅.驳“体育法近代产生说”[J].成都体育学院学报,2013,39(7):6–10.

[114] 赵毅.从公平责任到损失分担之嬗变——近年我国法院裁判体育伤害案件的最新立场[J].体育学刊,2014,21(1):38–43.

[115] 吕伟.一个屋檐下的体育法——体育法方法论的路径选择与思考[J].成都体育学院学报,2012,38(11):6–11.

[116] 唐勇.体育法基本原则的研究现状反思与重构[J].体育科学,2012,32,(3):47–52.

[117] 唐勇.体育法概念的甄别[J].体育科学,2013,33,(3):13–18.

[118] 陈华荣.体育法的基本原则:以体育特殊性为标准[J].体育与科学,2011,32,(1):5–11.

[119] 韩新君.《中华人民共和国体育法》中几个基本问题的探讨[J].上海体育学院学报,2006,30(2):12–15.

[120] 李媛.浅析法律原则与法律规则的区别——基于德沃金法律原则理论视角[J].中外企业家,2010,(2):260–261,268.

[121] 钱静.中国足球协会内部纠纷解决机制的完善——以体育自治为基础的考量[J].体育与科学,2014,35(3):44–48.

[122] 张厚福.中国体育法律原则初探[J].成都体育学院学报,2000,26(3):33–35.

[123] 谢茂祥.中国体育立法基本原则问题初探[J].体育科学,1987,7(2):5-8,93.

[124] 汪全胜,陈光,张洪振等.《体育法》总则的反思与重构[J].天津体育学院学报, 2010,25(2):97-100.

[125] 赵芳.我国体育立法的指导思想与基本原则[J].体育科学研究,2004,8(2):43-46.

[126] 洪焕珍.体育法的基本原则研究[J].山东社会科学,2010,184(12):160-162.

[127] 杨建.法律原则的规范性研究[J].北方法学,2011,29(5):131-145.

[128] 胡旭忠,汤卫东,史全珠.国内体育法学教材的学术史考察（1984—2015）——从“思辨”到“实证”的转向[J].体育成人教育学刊,2015,31(6):49-52.

[129] 胡旭忠,汤卫东,畅振山.体育法原则与规则的冲突——基于法律原则理论的思考[J].西安体育学院学报,2016,33(4):396-400.

[130] 胡旭忠,汤卫东.论体育法的社会法属性——基于黑格尔法哲学的体育法本质解读[J].成都体育学院学报,2014,40(11):12-15.

[131] 葛洪义.法律原则在法律推理中的地位和作用——一个比较研究[J].法学研究,2002,(6):3-9.

[132] 竺效.论中国环境法基本原则的立法发展与再发展[J].华东政法大学学报,2014,(3):4-16.

[133] 竺效.“社会法”意义辨析[J].法商研究,2004,(2):61-64.

[134] 李可.原则和规则的若干问题[J].法学研究,2001,(5):66-80.

[135] 吕世伦,马金芳.社会法的几个基本理论问题研究[J].北方法学,2007,1(6):5-16.

[136] 张文显.规则·原则·概念——论法的模式[J].现代法学,1989,(3):27-30.

[137] 庄世同.论法律原则的地位——为消极的法律原则理论而辩[J].辅仁法学,2002,24:33-52.

[138] 郑尚元.社会法的存在与社会法理论探索[J].法律科学,2003,(3):40-48.

[139] 刘星.德沃金的理论争论说[J].外国法译评,1997,(3):22-31.

[140] 赵兴军,时小云.违反公序良俗的民事行为无效[J].法律适用,2002,(3):67-68.

[141] 郭润生,刘东生.论行政执法中法律与政策的关系[J].法商研究,1999,(2):63-64.

[142] 刘延军.竞技体育规则:规制伤害行为的优位选择——兼论刑法的适度干预[J].天津体育学院学报,2010,25(5):434-437.

[143] 郝建设.原则与规则之间的冲突：法律推理的难题与选择[J].政法论丛,2004,(4):81-84.

[144] 陈景辉.存在一种独立的原则理论吗？[J].浙江社会科学,2012,(3):38-44.

[145] 谢晖.法律原则的效力和适用条件[J].苏州大学学报,2004,(6):20-23.

[146] 胡玉鸿.法律原则适用的时机、中介及力式[J]. 苏州大学学报(哲学社会科学版),2004,(6): 27-29.

[147] 庞凌.法律原则的识别和适用[J]. 苏州大学学报(哲学社会科学版),2004,(6):25-27.

[148] 饶晓红,周爱光.浅议我国《体育法》法律特征的不足[J].体育文化导刊,2006,(6):29-31.

[149] 吕予锋.什么是体育——一个适合进行法律分析的体育行为定义[J].天津体育学院学报,2005,20(3):10–12.

[150] 郭为禄,李少慧.体育法治的基本原则刍议[J].上海体育学院学报,2008,32(5):1–4.

[151] 王蒲,仇军.公平竞赛——欧洲体育伦理纲领[J].体育文史,1996,(06):50–51.

[152] 仇军. 新欧洲・体育宪章[J].北京体育大学学报,1996,19(01):21–23.

[153] 陈林林.基于法律原则的裁判[J].法学研究,2006,(3):3–15.

[154] 王胜明.关于合同法的基本原则[J].中国法学,1999,(3):29–32.

三、学位论文

[155] 王夏昊.法律规则与法律原则的抵触之解决——以阿列克西的理论为线索[D].北京:中国政法大学,2007.

[156] 刘哲石.我国公民体育权利的法律保障研究[D].长沙:湖南师范大学,2014.

[157] 陈骏业.行政法基本原则导论[D].苏州:苏州大学,2006.

[158] 韩勇.体育纪律处罚研究[D].北京:北京体育大学,2006.

[159] 黄世席.国际体育仲裁制度研究[D].武汉:武汉大学,2004.

[160] 罗嘉司.竞技体育犯罪研究——以犯罪学为视角[D].长春:吉林大学,2006.

[161] 马法超.体育相关无形财产权问题研究[D].北京:北京体育大学,2007.

[162] 陈华荣.体育的宪法保障研究——对全球成文宪法体育条款的比较分析[D].苏州:苏州大学,2011.

[163] 张成元.法治观念下的体育行业自治研究[D].长春:吉林大学,2007.

[164] 杨其虎.追寻竞技正义:竞技体育伦理批判[D].长沙:中南大学,2012.

[165] 王源扩.财政法基本原则研究[D].北京:中国人民大学,2001.

[166] 李先燕.《中华人民共和国体育法》修改的价值取向研究[D].北京:北京体育大学,2009.

[167] 姜帆.社会法的源与流[D].长春:吉林大学,2007.

[168] 夏蕾.论劳动法的社会法属性[D].长春:吉林大学,2006.

四、其他

[169] 郭树理,熊瑛子.从“拒受奖牌案”看体育法基本原则[N].中国社会科学报,2011-05-27(11).

[170] Thomas H. Marshall: Class, Citizenship, and Social Development, Greenwood Press, Westport, 1973.

[171] Mauro Zamboni, The "Social" in Social Law: An Analysis of A Concept in Disguise. Journal of Law in Society .2008.

[172] Section 3. Ground Rules To be Followed in Field of Sports. No. 165 (2740). [S].13 Nov. 2002. Published:"Vestnesis".

[173] Joseph Raz.On the Functions of Law[A]. A Simpson. Oxford Essays in Jurisprudence(2nd Series) [M]. Oxford: Clarendon Press,1973.

[174] Ola O.Olatawura.Fundamental doctrines of international sport law.ISLJ,2008.

[175] Robert Alexy: A Theory of Constitutional Rights, trans. Julian Rivers, Oxford University Press, 2002.

[176] H.L.Hart. The Concept of Law, 2nd, Oxford: Clarendon Press, 1994.

[177] William Lucy, Understanding and Explaining Adjudication, Oxford University Press, 1999.

[178] Ministerialrat Karl-Heinz Schneider.Current Aspects of international and European Sports Policy and European [A].Sports Law 18th IASI Congress"Sports Law: Structures, Practice, Justice, Sports Science and Studies[C].Beijing， Oct. 2012.

[179] C. Mollers,Transnational Governance Without A Public Law, in Transnational Governance and Constitutionalism, ed. by C. Joerges, I.-J. Sand, G. Teubner, Oxford ,2004.

[180] Lorenzo Casini. The Making of Lex Sportiva by The Court of Arbitration for Sport. German L. J. 2011.

[181] Francois Ewald. A Concept of Social Law, Dilemmas of Law in the Welfare. Edited by Gunther, Teubner. Berlin: Walter de Gruyter. 1986.

后 记

本书是在我的博士学位论文基础上修改而成的。博士毕业后两年多的时间里，我一直在思考自己今后的研究方向，以及如何延续博士期间的研究内容。恰好在2018年获得教育部人文社科青年基金项目，利用学校“1331工程”创新团队培育的机会，在博士论文研究的基础上，研究新时代对体育法治提出的新要求和新挑战，对体育法基本原则体系有了新的思考，借此机会，出版拙作。

光阴似箭，岁月如梭，回顾攻读博士期间的点点滴滴，思绪万千，百感交集，师长之恩、同窗之谊，以及生活中所有悲伤的、欢喜的经历，均已汇聚成生命中深刻的回忆。在博士论文的写作过程中，有太多的人想要感谢，但仅仅“感谢”二字并不足以表达我的感激之情，这些深情厚谊已深深地铭记在我的心底。

首先，要感谢我的导师汤卫东教授，从博士论文的选题、资料的收集，到写作定稿，先生都提出了很多精辟的建议。他勤学的品格、渊博的知识、宽广的胸怀、练达的处事，都为我树立了学习的榜样。在平时的学习生活中，先生给了我无私的帮助，带我拜访法学专家、参加学术会议，特别是论文盲审之前，先生多次到博士生公寓，与我促膝长谈至深夜，使我无比的感谢和钦佩。从先生那里我不仅学到了专业知识，更学到了做人的道理，使我受益终生。感谢先生对我和我的论文的期待和严格要求。

其次，要感谢南京师范大学为我提供学习和科研的平台，感谢体科院、法学院、教科院诸位老师的谆谆教诲，感谢孙庆祝教授、周学荣教授、阿英嘎教授、程传银教授、王竹影教授、储志东教授、史曙生教授、王庆军教授、高亮教授、陈家起教授、陈培友教授、孙文恺教授、庞正教授、张乐天教授、李如密教授，无论在课堂上，还是在学术讨论、开题报告、毕业答辩的过程中，诸位师长都一丝不苟地授业解惑，使我受益匪浅。还要感谢体科院的薛枫副书记、马小燕老师、罗晶老师、刘同记老师、闵柱老师，在平时的生活和学习中的关心与照顾。

感谢为我的论文提供资料和接受访谈的专家学者：王家宏教授、于善旭教授、周爱光教授、李江教授、田思源教授、罗嘉司教授、姜世波教授、朱文英教授、贾文彤教授、郭树理教授、韩勇教授、陈华荣教授、赵毅博士、唐勇博士、秦毅博士、吕伟博士、杨建博士、高伟伟博士、黄世昌博士、王若光博士、汪波博士、赵阳博士、王洪兵博士、闫士展博士、李丹博士。还有很多帮助和支持过我的朋友，特别是我参考和引用其相关研究成果的作者们，没有他们的工作，就没有本书的完成。

感谢为论文进行评审的专家，感谢参加我的开题报告会、毕业答辩会的专家，他们在百忙之中仔细阅读本论文，为论文提出中肯的建议与意见。

最后，感谢我的家人对我的支持与宽容。年近八旬的父母站在大门口期盼着儿子的归来，使我内心充满愧疚，本应是让父母颐养天年的时候，却让他们为我担心与挂念，唯有以后的日子多做补偿。还要感谢我的哥哥、姐姐，能够守在我的父母身边照顾他们。特别是在我的论文盲审提交前夕，父亲生病住院，我都没有时间回去，是他们在医院陪护，直到父亲康复出院。放在最后感谢的人，并不是最不重要的，而是最重要的，是我亏欠最多的人——我的妻子田翠兰女士。几年来，我没有好好陪她一天，没有给她庆祝过一个生日，没有庆祝过一个结婚纪念日，但她毫无怨言，大部分的时间都在照顾孩子和承担家务，一直默默地支持着我的学习与工作，给了我太多的理解与慰藉。我们的两个女儿也非常理解和支持我，从不提过分要求，很是懂事。每每想到此，我的心里既充满愧疚，也荡漾着幸福。

还有更多帮助和关心过我的人，这个名单无论多长，都无法表达我无尽的谢意，我唯有将知识学以致用，在学术上攀登高峰，在事业上有所成就，才是对所有人最好的回报。

在本书得以出版之际，感谢为我提供资助的教育部人文社科项目和晋中学院“1331工程”创新团队，感谢你们为我提供学习和锻炼的平台。

本书的研究主题是体育法基本原则研究，该主题是一个开放的系统，本书中提出的“五原则”也仅仅是从社会法这一维度进行论证，缺乏多维的思路，如行政法、社会主义法治等维度之探究，以及体育基本原则如何进入法条，如何指导未来立法，如何运用于体育纠纷解决等实践问题，还有待于以后进一步研究和完善。

本书经过多次的修改和删减终于定稿，但是学海无涯，受本人的水平所限，本书仍然留下许多遗憾，敬请读者批评指正。

胡旭忠

2019年9月10日于晋中学院文锦苑